Gertrude Fein

Das Kochbuch für den Mann

Gertrude Fein

Das Kochbuch für den Mann 77 einfache Rezepte

Eichborn.

Die Deutsche Bibliothek – CIP-Einheitsaufnahme

Fein, Gertrude:

Das Kochbuch für den Mann : 77 einfache

Rezepte / Gertrude Fein. - Frankfurt am Main :

Eichborn, 2001

ISBN 3-8218-3722-5

Umschlaggestaltung: Christina Hucke unter

Verwendung eines Fotos von © ZEFA

Lektorat: Oliver Thomas Domzalski

Redaktion: Leo Domzalski

Satz und Layout: die Basis, Wiesbaden

Druck und Bindung: WS Bookwell, Finnland

ISBN 3-8218-3722-5

Verlagsverzeichnis schickt gern:

Eichborn Verlag AG, Kaiserstr. 66, 60329 Frankfurt

www.eichborn.de

Entrée

Es gibt Situationen im Leben eines jeden Mannes, in denen er sich harten Bewährungsproben ausgesetzt sieht, die seinen ganzen Pioniergeist fordern. Auch wer im Beruf jahrzehntelang täglich seinen Mann gestanden hat, ist nicht davor gefeit, plötzlich eine ganz neue Aufgabe meistern zu müssen. Dann erst zeigt sich, ob einer ein ganzer Kerl ist oder nicht.

Aus welchen Gründen auch immer – es kann passieren, daß ein Mann mit seinem Hunger allein zu Hause ist und keine Lust hat, jeden Tag auswärts zu essen. Davon abgesehen, daß das ziemlich ins Geld geht, ist es auf die Dauer doch recht öde. Was liegt also näher, als sich der Herausforderung zu stellen und das Kochen selbst zu übernehmen?

Vom Spiegelei zum gebratenen Hähnchen soll diese kleine Kochschule führen. Grundkenntnisse sind nicht erforderlich, aber auch kein Schaden. Die Portionen sind für eine Person berechnet, Ausnahmen sind angegeben. Noch ein Hinweis: Ich teile die Leidenschaft vieler Menschen für Zwiebeln. Andererseits gibt es auch viele Zeitgenossen, die die scharfen Knollen nicht mögen oder nicht vertragen. Die können die Zwiebeln bei jedem Rezept einfach weglassen.

Neben den Kochrezepten liefert mein Buch Ihnen **Informationen** sowie jede Menge praktischer **Einkaufstips** rund um die kulinarischen Produkte, die Sie auf Ihrem Weg zur Gesellenprüfung in die Hand nehmen werden.

Im Anhang finden Sie ein alphabetisches **Register** der Rezepte. Obwohl ich mich bemüht habe, das für Kochbücher typische Fachchinesisch zu vermeiden, gibt es zusätzlich ein Glossar mit den Begriffen, die für absolute Kochanfänger möglicherweise erläutert werden müssen.

Und jetzt: Keine Angst und ran an den Herd!

Ihre Gertrude Fein

Inhaltsverzeichnis

1.) Was Hänschen nicht lernt – kann Hans immer noch lernen! **11**
Cuba libre **12**
Pussy Cat **12**
2.) Aller Anfang ist schwer? **13**
Spiegeleier **14**
3.) Wie der Herr, so's G'scherr: Die Ausrüstung **15**
4.) Dem fleißigen Hamster schadet der Winter nicht: Vorratshaltung **18**
Nächtliche Spaghetti mit Tomaten **19**
5.) Eine Mahlzeit muß eine Suppe haben wie ein buddhistischer Mönch seine Nonne **21**
Klare Fleischbrühe **22**
Tellerfleisch **24**
Zucchinisuppe **26**
Tomatensuppe **27**
Vom Suppenhuhn zur Hühnersuppe **27**
Hühnersuppe **28**
Hühnerfrikassee **29**
Hühnersuppentopf **30**
6.) Wer eine Lampe hat, darf das Öl nicht sparen **31**
Crostini – die einfachste Art, Olivenöl zu genießen **33**
In Olivenöl eingelegtes Kalbskotelett **34**
Straccetti – dünne Fleischscheiben, in Olivenöl gebraten **35**

7.) **Sauer macht lustig?** 36
Blattsalat mit Essig-Öl-Marinade 37
8.) **Die dümmsten Bauern ernten die dicksten Kartoffeln?** 38
Bratkartoffeln I 40
Bauernfrühstück 41
Bratkartoffeln aus rohen Kartoffeln 41
9.) **Es ist nicht alles Gold, was glänzt: Vom Panieren** 42
Wiener Schnitzel 42

Erste Zwischenbilanz 44

10.) **Gegen alles ist ein Kräutlein gewachsen: Kleine Gewürzkunde** 45
Spaghetti mit Thunfisch-Kapern-Sauce 48
Penne arrabiata 49
Chimichurri – die ganz andere Grüne Sauce 50
11.) **Der Reis ist heiß** 51
Grundrezepte 52
Gebratenes Schweinefleisch mit Paprikaschoten und Ingwer 52
Risotto alla parmigiana 54
Feine Gemüse-Paella 54
Reisfleisch 56
12.) **Fischers Fritz fischt frische Fische** 57
Forelle Müllerin 59
Thunfisch mit Senf-Kapern-Sauce 60
Betrunkener Tintenfisch (für mindestens zwei Personen) 61

13.) Kraut und Rüben haben mich vertrieben ...: Moderne Gemüseküche 62
Frühling: Spargel, Kräuter und junge Kartoffeln 64
Grüner Spargel 64
Junge Kartoffeln mit Quark 65
Sommer: Buntes Gemüse überall 66
Sommerliche Gemüsepfanne 66
Zuckerschoten mit Schweinemedaillons 67
Herbst: Ernte- und Pilzzeit 68
Steinpilze mit Tagliatelle 68
Grüne Bohnen mit Lammkoteletts 69
Winter: Kraut und Rüben 70
Krautfleckerl 70
Krautsalat 71
Brokkoli mit geschnetzeltem Rind- oder Schweinefleisch 72
14.) Die Guten ins Töpfchen, die Schlechten ins Kröpfchen: Deftige Eintopfküche 73
Dicke Kartoffelsuppe 74
Kartoffelgratin 75
Linseneintopf 76
Ofetori 77
Irish Stew 78
Gratinierter Blumenkohl 79

Zweite Zwischenbilanz 80

15.) Brotsuppe und Tiroler Gröstl: Reste de luxe **81**
Omelett oder Pfannkuchen **82 f.**
Überbackene Schinkennudeln **84**
Tomaten-Nudelauflauf **84**
Die ganz andere Brotsuppe **85**
Tiroler Gröstl – die Mutter aller Resteverwertung **86**
Ramequin **87**
16.) Wenn es dem Esel zu wohl wird, geht er aufs Eis ...: Kochen für Gäste **88**
Familientreffen: Rezepte für 6 Personen **90**
Schweinsbraten **91**
Gulasch **93**
Szegediner Gulasch **94**
Kassler mit Sauerkraut **95**
Sauerkraut-Hackfleisch-Pfanne **96**
Kleine Runde mit Freunden und Kollegen: Rezepte für vier Personen **97**
Geschnetzelte Leber (von Kalb, Schwein oder Huhn) **97**
Kartoffelbrei **98**
Venezianische Leber **99**
Frikadellen – Buletten – Fleischpflanzel – faschierte Laberl **100**
Kartoffelsalat **101**
Fleischfondue oder Fondue bourguignonne **102**
Knoblauchsauce **104**
Einfache Cumberland-Sauce **104**
Sahne-Meerrettich **105**

Mit Speck fängt man Mäuse: Menü für 2 Personen 106
Menü No. 1 106
Menü No. 2 108
17.) »Junge Hähnchen, sanft gebraten – dazu kann man dringend raten.« 110
Junges Hähnchen – sanft gebraten 111
Teufelshähnchen 112
Entenbrust mit Honig 113
18.) Wohl anfangen ist gut, wohl enden ist besser: Desserts 114
Zitronensorbet 114
Obstsalat 115
Vanilleeis mit heißer Himbeersauce 115
Apfelmus 116
Joghurt mit Honig und Nüssen 116

Eine Vision zum Schluß 118
Tiefkühl-Tips 118
Glossar küchentechnischer Begriffe 120
Register der Rezepte 124

1.) Was Hänschen nicht lernt – kann Hans immer noch lernen!

Männer sind die Helden des Alltags: Sie reparieren Autos, sie managen Firmen, sie entfernen Gallensteine und sie bauen Häuser – warum also sollten diese tüchtigen Hänse versagen, wenn es darum geht, rohe Zutaten in ein gekochtes Gericht zu verwandeln? Kochen ist keine Hexerei, sondern in erster Linie Organisation und Handwerk. Wie jede Arbeit muß auch diese von der Pieke auf gelernt werden, und der Eleve tut gut daran, bescheiden anzufangen. Schlampige Genies werden das alles nicht so eng sehen, aber geborene Kochkünstler gibt es so wenige wie kleine Mozarts. Und doch wird jeder, der als gestandenes Mannsbild anfängt zu kochen, rasch feststellen, daß der Umgang mit Kochlöffeln und Töpfen eine reizvolle Herausforderung ist.

Zur Stärkung kann sich der Anfänger erst einmal einen Cocktail genehmigen.

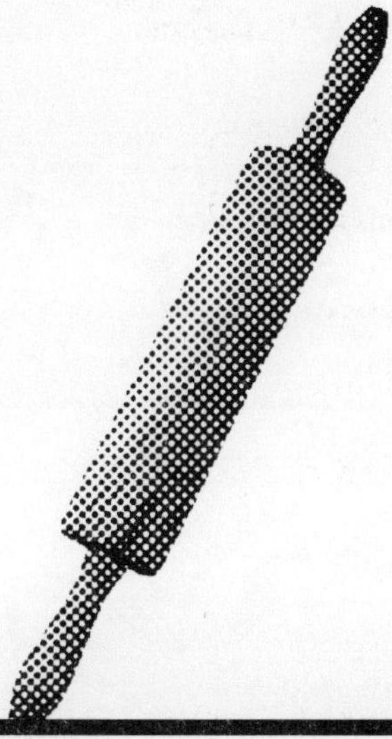

Cuba libre

4 cl weißer Rum

3 Spritzer Zitronensaft

Cola

Einige Eiswürfel in ein Longdrinkglas füllen, den Rum und den Zitronensaft dazugeben und mit Cola auffüllen. Umrühren und mit einer Scheibe Zitrone garnieren.

Oder ohne Alkohol:

Pussy Cat

2 cl Cassis alkoholfrei

6 cl Ananassaft

6 cl Orangensaft

6 cl Grapefruitsaft

Mit Eiswürfeln im Shaker gut schütteln. Mit ein paar weiteren Eiswürfeln im Longdrinkglas servieren. Ohne Shaker geht es auch, dann muß das Gemisch eben gut durchgerührt werden.

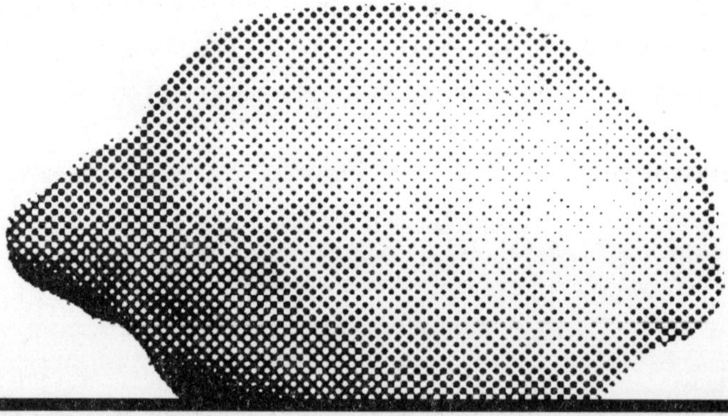

2.) Aller Anfang ist schwer?

Zu Beginn darf man sich nicht zu viel vornehmen. Wer meint, als erstes ein – sagen wir einmal – Hummer-Soufflé zaubern zu müssen, der kann nur eine Bauchlandung erleben. (Die legen im übrigen bei den heiklen Soufflés auch geübte Köche immer wieder mal hin.) Auch wer fliegen lernt, fängt schließlich nicht im Tornado an.
Aus diesem Grund steht hier als erstes ein Ei, ein schlichtes Spiegelei, auf dem Programm – womit der jahrtausendealte Streit, was zuerst da war, das Huhn oder das Ei, zumindest hier zu Gunsten des Eis entschieden wird.

Beim Einkauf von Eiern zu beachten:

Ob ein Ei frisch oder ältlich ist, erkennt man schlimmstenfalls erst beim Aufschlagen. Wenn der Dotter nicht mehr rund und fest ist und Eiweiß und Eigelb flach auseinanderfließen, ist das Ei alt und kann - falls es nicht schon schlecht riecht – nur noch verzehrt werden, wenn es beim Backen völlig durchgegart ist oder hart gekocht. Auch mit dem Wassertest ist festzustellen, ob ein Ei schon zu lange gelagert ist: Man lege das Ei in einen Topf oder eine Schüssel mit Wasser; wenn es sich aufstellt oder gar oben schwimmt, ist das ein Zeichen, daß im Laufe der Zeit zuviel von der Flüssigkeit verdunstet ist. Aber wer stellt sich schon in ein Geschäft und legt jedes Ei ins Wasser? Es ist also besonders wichtig, daß man sich eine Einkaufsquelle für Eier sucht, auf die man sich verlassen kann. Das kann ein Supermarkt sein, in dem so viele Eier verkauft werden, daß immer frische Ware nachkommt, oder es kann immer derselbe Händler auf einem Wochenmarkt sein, bei dem gegebenenfalls auch eine Reklamation möglich ist. Es ist auf jeden Fall gut, immer nur wenige Eier zu kaufen und diese im Kühlschrank zu lagern.

Spiegeleier

Zutaten:

2–3 frische Eier

1 Teelöffel Butter oder

1 Eßlöffel Öl (je nach Vorliebe Pflanzenöl oder gutes Olivenöl)

Salz

Zubereitung:

In einer Pfanne das Fett auf höchster Stufe (= 3) erhitzen, aber kurz: es darf nicht zu rauchen anfangen! Dann sofort um eineinhalb Stufen herunterschalten bzw. die Gasflamme reduzieren. Nun die Eierschalen nacheinander mit einem kurzen, festen Schlag am Pfannenrand aufschlagen, den Inhalt in die Pfanne gleiten lassen und bei mäßiger Hitze braten. Wenn das Eiweiß gestockt, also ganz weiß ist, leicht salzen; auf dem Eigelb machen Salzkörner unschöne weiße Flecken.

Die Temperatur, bei der das Eigelb gerinnt, liegt immer um acht Grad höher als beim Eiweiß. Wer also auch das Eigelb fester haben möchte, sollte mit einem Schieber das Ei wenden und auch die Oberseite braten, wie es in amerikanischen Filmen des öfteren zu sehen ist.

Zu den Spiegeleiern passen am besten Spinat und/oder Bratkartoffeln. Spinat ist tiefgekühlt in sehr guter Qualität zu haben. Das Rezept für Bratkartoffeln kommt später (vgl. S. 40).

3.) Wie der Herr, so's G'scherr: Die Ausrüstung

»Um Arbeiten durchzuführen, benötigt man einen sauberen, gut beleuchteten Arbeitsplatz ... Es soll auch genügend Raum vorhanden sein, um die verschiedenen Teile auszulegen und zu ordnen ... In einer gut ausgerüsteten Werkstatt läßt sich gemütlich und ohne Hast arbeiten!« Diese Arbeitsplatz-Beschreibung aus einem Buch für Hobby-Autobastler kann ohne Abstriche auch für die Küche übernommen werden.

Für eine funktionierende »Koch-Werkstatt« benötigt man unbedingt folgende Gerätschaften:

- Eine ordentliche, nicht zu kleine *Arbeitsplatte*, die leicht zu reinigen ist. Die Arbeitsplatte sollte in rückenfreundlicher Höhe angebracht sein, was bedeutet, daß man(n) sie erst einmal hochsetzen muß, denn die meisten Küchenmöbel orientieren sich an der durchschnittlichen Körpergröße der weiblichen Bevölkerung von ca. 1950.
- 3-4 *Töpfe* in verschiedenen Größen: Je ein »Gemüsetopf« (in diesen Töpfen kann selbstverständlich nicht nur Gemüse zubereitet werden) mit Deckel, Durchmesser 16 cm, 20 cm und 24 cm, aus Edelstahl oder Emaille. Wenn Sie auf elektrischen Kochplatten kochen, empfehlen sich Töpfe mit dickem Boden.
- 1 *Stielkasserolle* mit 16 cm Durchmesser; zu dieser paßt der Deckel des entsprechenden Gemüsetopfs.
- 2 *Pfannen*, Durchmesser 24 cm und 28 cm, möglichst aus Gußeisen (die besten kommen aus Frankreich) oder mit Teflon-Beschichtung.
- 1 rechteckige *Backform* aus Edelstahl oder Steingut, wenn möglich mit Gittereinsatz für Aufläufe und Braten.

- 2-3 hölzerne *Schneidebretter* in verschiedenen Größen. (Holz ist übrigens nicht nur schöner, sondern auch hygienischer als Kunststoff, wie eine wissenschaftliche Untersuchung zu meiner Verblüffung kürzlich ergab.)
- 2-3 *Schüsseln* von unterschiedlicher Größe (Edelstahl oder Glas).
- Diverse *Kochgeräte*: Schöpflöffel, Wender, Kochlöffel, Holzspatel
- 1 feines und 1 grobes *Sieb*.
- 1 Allzweck-*Raspel* (Reibe) mit verschiedenen Flächen zum Raspeln, Reiben und Hobeln von Obst oder Gemüse.

Und natürlich **Messer**. Die sind ein Thema für sich. Ohne scharfe Messer ist das Arbeiten in der Küche eine Qual. Auch wenn bei manchem Küchengerät gespart werden kann – bei Messern sollte man das besser unterlassen.

Wichtig sind:

- ein Gemüsemesser (Klinge ca. 7-8 cm)
- ein sogenanntes Küchenmesser (ca. 14 cm)
- ein sogenanntes Kochmesser (ca. 16-20 cm)
- ein Brotmesser mit Säge (ca. 20 cm)

Dann gibt es noch diese japanischen Wundermesser, die unglaublich teuer und erstrebenswert sind. Sie sind die Ferraris unter den Messern – schön, kostspielig, gefährlich und für einen Anfänger einfach eine Stufe zu perfekt. Sie haben so schöne Namen wie Gyutou, Ko-Deba, Megabi-Deba, Yanagiba, Santoku oder Nakiri. Letzteres erinnert fatal an Harakiri – und das sollte einem Koch doch eher fernliegen.

Wichtig ist, daß alle Messer immer scharf sind. Um das zu gewährleisten, braucht es einen ordentlichen Wetzstahl zum Schärfen – und man muß die Regel beherzigen, daß Messer während ihrer gesamten Lebenszeit stets nur in ein und dieselbe Richtung geschliffen werden dürfen. Sonst macht man stets mit dem einen Schleifen den Erfolg des vorhergehenden wieder zunichte.

Nicht unbedingt nötig, aber sehr nützlich sind des weiteren folgende Ausrüstungsgegenstände:

- Größeres Dreisterne-*Gefrierfach* im Kühlschrank oder Gefrieraufsatz
- Weitere *Werkzeuge* wie z. B. Schneebesen, Gummischaber, Küchenschere, Kartoffelschäler, Knoblauchpresse, Wiegemesser
- 1 *Küchenwaage* und/oder 1 *Meßbecher*
- 1 kleine elektrische *Küchenmaschine* zum Pürieren, Kräuter- und Zwiebelhacken, Mixen, Sahneschlagen etc. Eventuell reicht auch ein elektrischer *Pürierstab*, am besten mit austauschbaren Scheiben (Messer, Schlag- und Rührscheibe)
- Kleiner *Dampfkochtopf* (5 l Fassungsvermögen), zum Beispiel für Fleischbrühe. Es gibt noch kleinere, aber davon ist abzuraten, weil die Grenzen ihrer Kapazität zum Beispiel schon bei Suppenfleisch erreicht sind.
- Ein kleiner **Wok** (asiatische Bratpfanne zum fettarmen Kurzbraten)

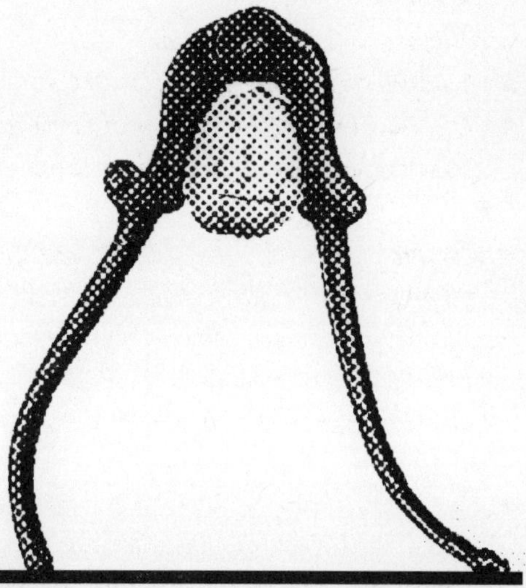

4.) Dem fleißigen Hamster schadet der Winter nicht: Vorratshaltung

So beruhigend es für den Hamster ist, einen ausreichenden Vorrat für den Winter angelegt zu haben, so praktisch ist es im Haushalt, wenn man diesem Tier ein wenig nacheifert. Natürlich gibt es fast jederzeit und fast überall fast alles zu kaufen. Aber es ist doch recht lästig, wegen jeder Kleinigkeit zum Supermarkt oder zur Tankstelle fahren zu müssen - ganz davon abgesehen, daß man ohne eine gewisse Vorratshaltung nächtlichen Hungeranfällen oder plötzlich eintreffenden Gästen recht hilflos gegenübersteht. Für solche Fälle ist ein kleines Hamsterlager mit gut haltbaren Lebensmitteln sehr von Vorteil.

Zum Beispiel:

- Spaghetti oder andere Nudeln
- Dosentomaten (am besten in Stücken)
- Reis
- Bohnen, Erbsen oder Linsen, entweder getrocknet (sind im Dampftopf recht schnell zu erweichen) oder in kleinen Dosen
- Corned beef
- Thunfisch in kleinen Dosen (mit oder ohne Öl, je nach Vorliebe)
- Ein kleines Stück Parmesan, in Folie eingeschweißt.

Basisstoffe wie Mehl, Fett, Salz und Pfeffer sollten sowieso immer im Haus sein.
Darüber hinaus ist es wichtig, etliche Gewürze griffbereit zu haben: Kleine, gut verschließbare Gläser oder Dosen mit getrockneten Kräutern oder Scharfmachern (wie zum Beispiel Paprika, Peperoncini oder Chilipulver) garantieren, daß das Essen nicht nur satt macht, sondern auch zufrieden.

Achtung: Bei allen Vorräten die Haltbarkeitsdaten beachten und nicht zu große Mengen einkaufen. Es gibt fast von allem mittlerweile Singel-Packungen.

Nächtliche Spaghetti mit Tomaten

Zutaten:

1 kleine Dose gehackte Tomaten

ca. 100 g dünne Spaghetti

Salz

1 Teelöffel Olivenöl

eventuell 1/2 getrockneten Peperoncino

eventuell 1 Knoblauchzehe

Zubereitung:

In einem größeren Topf (ca. 3 l Fassungsvermögen) Wasser zum Kochen bringen und 1 Eßlöffel Salz dazu geben. Die Spaghetti in das kochende Salzwasser geben und je nach Packungsangabe etwa 5 bis 8 Minuten im sprudelnden Wasser kochen.

(Da nicht jeder die Nudeln »al dente« mag , also ziemlich fest, sollte man nach ein paar Minuten eine Nudel zum Probieren herausfischen, um festzustellen, ob die Spaghetti den gewünschten Zustand schon erreicht haben.)

Auch die längsten Spaghetti bekommt man leicht in einen hohen Topf, wenn man die Nudeln senkrecht in das kochende Wasser hält und dann, wenn die Enden weich werden, langsam nachdrückt. Während des Kochens sollte man die Spaghetti hin und wieder mit einem Holzspatel oder einem Kochlöffel vom Topfboden lösen.

Während die Spaghetti kochen, das Öl in einem kleinen Topf erhitzen. Wenn man will, fein gehackten Knoblauch im Öl **kurz** anbraten – er darf nicht braun werden, sonst wird er bitter. Die Dosentomaten dazugeben, salzen und kurz kochen lassen. Wer es schärfer liebt, entfernt aus einem getrockneten Peperoncino die Kerne, hackt die Schale in sehr kleine Stücke und kocht sie mit den Tomaten.

Vorsicht: Mit den Peperoncini-Fingern nicht an Augen, Lippen oder Nase kommen!

Sollten getrocknete und gemahlene Kräuter (z. B. Provence-Kräuter-Mischung) im Hause sein, einen halben Teelöffel davon zur Sauce geben und mitkochen. Das verstärkt den mediterranen Charakter dieses Gerichts.

5.) Eine Mahlzeit muß eine Suppe haben wie ein buddhistischer Mönch seine Nonne*

Fast alle Männer lieben Suppen – und viele Frauen auch. Sie geben es nur nicht zu, weil sie irrtümlich meinen, daß sie dick machen. Dabei geht doch nichts über eine kräftige Fleischbrühe, die man mit verschiedenen Einlagen (z. B. Nudeln, Gemüse, Backerbsen usw.) rasch zu einer angenehmen kleinen Mahlzeit anreichern kann – und die sich tagelang hält und sogar mit jedem Aufwärmen besser schmeckt. Man kann Brühe sehr gut in festschließenden Plastikdosen oder Gefrierbeuteln portionsweise einfrieren. Solche Reste sind, gerade wenn es schnell gehen muß, äußerst praktisch.

Eine Brühe kann aus Rinds- oder Kalbsknochen, aus Huhn oder aus Rindfleisch zubereitet werden. Auf jeden Fall ist es gut, sich an das Glaubensbekenntnis eines alten bayerischen Kochs zu halten, wonach drei Pfund Rindfleisch und zwei Pfund Boana (Knochen) eine gute Supp'n geben.

Einkaufstip:

Noch vor nicht allzu ferner Zeit hätten wir hier jetzt die Güte von Markknochen gepriesen. Seit alles, was Rind ist, ins Gerede gekommen ist, und Rind- und Kalbfleisch zur Glaubens- und Vertrauenssache, wenn nicht gar zur Mutprobe geworden sind, ist zumindest die Verwendung von Markknochen oder Ochsenschwanzstücken nicht mehr zu empfehlen. Schon gar nicht kann dazu geraten werden, das gekochte Mark auf Schwarzbrot zu streichen und mit Genuß als kleine Vor-Mahlzeit zu schnabulieren. Besser ist es heutzutage, sogenannte Grießknochen zu kaufen – jedenfalls keine Knochen, die Nervenbahnen oder Mark enthalten haben. Wer

* Vietnamesisches Sprichwort

weiterhin Rind- oder Kalbfleisch genießen möchte, tut gut daran, Produkte von anerkannten Öko-Höfen zu erstehen. Auch wenn es wahrscheinlicher ist, von einem herabfallenden Ziegelstein erschlagen zu werden, als dem Rinderwahnsinn zu verfallen – eine hundertprozentige Sicherheit gibt es nicht.

Klare Fleischbrühe

Zutaten:

3–4 Stück Rinds- oder Kalbsknochen mit Fleisch dran bzw. 1 Stück Suppenfleisch
1 Bund Suppengrün
Salz

Suppengrün nennt man die »konfektionierte«, sprich: zusammengebundene Kombination von Gemüse, die man mitkocht, wenn man eine Suppe bzw. Brühe herstellt. Suppengrün besteht stets aus einem Stück Knollensellerie, einer Porreestange (auch Lauch genannt), einer Mohrrübe/Karotte und einem Zweiglein glatter Petersilie oder einem Sellerieblatt. Wenn Sie es frisch kaufen, müssen sie das Gummiband entfernen, die Gemüsestücke waschen und je nach Topfgröße auch ein-, zweimal durchschneiden, bevor Sie sie mit in den Topf geben. Wer mehr Wert auf Tempo und Bequemlichkeit als auch Frische legt, kann Suppengrün auch im bereits gewürfelten Zustand in der Tiefkühlabteilung finden.

Zubereitung:

Die Knochen bzw. das Fleisch waschen und (wenn vorhanden) in einen Dampfkochtopf mit kaltem Wasser geben. Zunächst ohne Druckverschluß zum Kochen bringen und den bräunlichen Schaum, der nach dem Aufkochen entsteht, mit einem Schaumlöffel so gut wie möglich abschöpfen. Dampftopf schließen und das Suppenfleisch ca. 30 Minuten unter Druck kochen.

(Man sollte im übrigen unbedingt die Gebrauchsanweisung des Dampfkochtopfs lesen, ehe man ihn zum ersten Mal zum Einsatz bringt.)

Wenn der Topf nicht mehr unter Druck steht, Deckel öffnen, das Suppengrün (s. Tip) dazugeben und noch einmal unter Dampf hochkochen, dann den Herd ausschalten.
Das gargekochte Fleisch mit einem Küchenmesser oder mit den Fingern von den Knochen zupfen, die Knochen, die Sehnen und das Fett wegwerfen. Das gute Fleisch (jedenfalls all das, was Sie nicht beim Abzupfen weggenascht haben ...) in mundgerechte Stücke schneiden und wieder in die Suppe geben – wenn Sie es mögen. Sonst essen Sie es einfach so.
Zum Schluß die Suppe mit Salz und sonstigen Gewürzen – nach Geschmack Pfeffer, Muskat, Schnittlauch – abrunden.

Ohne Dampftopf geht das alles natürlich auch, die Kochzeit beträgt dann aber mindestens eine Stunde.

Wer statt der Knochen ein schönes Stück Rinderbrust oder Tafelspitz kocht, schlägt zwei Fliegen mit einer Klappe: er hat dann ein schönes Stück Tellerfleisch und am nächsten Tag eine kräftige Brühe. Weil sehr kleine Fleischtücke beim Kochen zu sehr auslaugen, lohnt es sich allerdings, dazu (mindestens) einen Gast einzuladen. Für Sportfans ist der frühe Samstagabend ideal: Während man sich die Bundesliga mit ihren Höhen und Tiefen einverleibt, siedet in der Küche das Fleisch, ohne daß man sich groß drum kümmern muß.

Einkaufstip:

Gutes Fleisch ist recht teuer. Aber gerade bei kleinen Portionen lohnt es sich, Bio-Fleisch zu kaufen. Kälber und Rinder, die den ganzen Sommer auf der Weide herumlaufen und frisches Gras und Kräuter fressen, entwickeln schon jung kräftige Muskeln. Ihr Fleisch ist relativ fest, roh von hellroter (Kalb) bis roter Farbe (Rind) und schmeckt unvergleichbar besser als das von Tieren aus der Massenhaltung, die mit Kraftfutter herangemästet werden und bei denen die Gefahr besteht, daß sie mit Tiermehl gefüttert wurden. Gutes Fleisch schrumpft beim Kochen nicht zur Miniportion und sondert beim Braten in der Pfanne kein Wasser ab. Und wer einen kleinen Haushalt führt, kann es sich sicher eher leisten, auf erste Qualität zu achten als eine Familie mit niedrigem Einkommen und etlichen Kindern. Es muß ja auch nicht jeder Tag ein Fleischtag sein.

Tellerfleisch

Zutaten:

ca. 500 g Rinder- oder Jungbullenbrust (reicht für zwei Personen)
1 Stück Sellerie
2 Karotten
1 Petersilienwurzel
1 Bund Schnittlauch
grobes Salz
Meerrettich

Zubereitung:

Circa 1 1/2 bis 2 Liter Wasser zum Kochen bringen, das Fleisch hineinlegen und wenig Salz dazugeben. Die Hitze soweit reduzieren, daß das Wasser gerade noch kocht (also blubbert). Nach etwa einer Stunde das gewaschene und in grobe Stücke geschnittene Gemüse dazugeben und eine weitere Stunde köcheln lassen. Danach noch eine Stunde sieden bzw. köcheln lassen, das heißt, die Hitze muß so dosiert werden, daß die Brühe nicht mehr sprudelt, sondern nur noch kleine Luftblasen aufsteigen. Das Fleisch in dicke Scheiben schneiden – und zwar quer zu den Fasern. Auf einer flachen, vorher im Backofen bei ca. 80 Grad angewärmten Platte Fleisch und Gemüse anrichten, etwas von der Brühe darübergießen, mit – so vorhanden – grobem Salz bestreuen und den kleingeschnittenen Schnittlauch darüber verteilen. Dazu servieren Sie Meerrettich – aus dem Glas oder, etwas mühsamer, frisch gerieben. Dunkles Brot dazu und ein kühles Bier garantieren einen angenehmen Abend.

Wenn vom Fleisch etwas übrigbleiben sollte, gibt das für den nächsten Tag schon wieder eine Mahlzeit: 100 g Suppennudeln in einem Teil der Brühe kochen, Fleisch in Stücke schneiden und in die Suppe geben, Schnittlauch darüber streuen, und schon hat man die »Nudelsuppe mit Rindfleischeinlage«, wie das im Kantinendeutsch heißt.

Eine Brühe ist die Grundlage für viele herrliche Suppen (Nudel-, Gemüse-, Pfannkuchen- und-und-und-Suppen). Wer solche Suppenportionen vorrätig hat und auch noch einen elektrischen Pürierstab sein eigen nennt, tut sich leicht beim Zubereiten von cremigen Gemüsesuppen.

Zucchinisuppe

Zutaten:

Ca. 250 g Zucchini (immer die kleinen, festen kaufen!)
1 kleine Zwiebel
1 Sträußchen Basilikum
1–2 Scheiben Brot (kann auch alt sein)
1/2 l Fleischbrühe (oder Wasser plus Brühwürfel)
2 Eßlöffel Olivenöl
Salz, Pfeffer
Parmesan

Zubereitung:

Die Zucchini in ca. 5 cm lange Stücke schneiden. Das Öl in einem höheren Topf erhitzen, die kleingehackte Zwiebel leicht darin anbraten, dann das Gemüse dazugeben und ebenfalls anbraten, bis es glasig wird (etwa 5 Minuten). Die Brühe dazugießen und das Ganze etwa 15 Minuten zugedeckt köcheln lassen. Dann kommt der Pürierstab ins Spiel: Während die Suppe leise vor sich hinköchelt, bewegt man ihn langsam durch die Masse, so daß die Zucchinistücke durch das Messerchen zu einem gleichmäßigen Mus zerhackt werden. Wenn die Suppe dann noch zu dikkflüssig ist, etwas Brühe nachgießen.

Ohne Pürierstab geht es natürlich auch; dann müssen die weichgekochten Zucchini-Stücke durch ein nicht zu feines Sieb gedrückt werden.

Das Brot in Würfel schneiden und in einer Pfanne mit Öl braun rösten. Die Suppe im Teller mit klein geschnittenen Basilikumblättern garnieren, die Brotwürfel dazugeben und mit geriebenem Parmesan bestreuen.

Tomatensuppe

Zutaten:

1 kleine Dose geschälte und gehackte Tomaten

1 Tasse Fleischbrühe (oder Wasser plus 1/2 Brühwürfel)

1 Prise Provence-Kräuter, gemahlen

1/2 kleine Zwiebel

1 Eßlöffel Olivenöl

Brotwürfel (siehe Zucchinisuppe)

Zubereitung:
Die Zwiebel möglichst fein schneiden. Das Öl in einem kleinen Topf erhitzen, die Zwiebel darin goldgelb anbraten. Die Tomaten und etwas Brühe (etwa eine halbe Tasse) sowie die Kräuter dazugeben und etwa drei bis fünf Minuten kochen lassen. Wenn die Suppe noch zu dick erscheint, noch etwas Wasser nachgießen und aufkochen lassen. Die Suppe kann mit dem Pürierstab cremig gerührt werden. Brotwürfel wie zur Zucchinisuppe rösten und in die Suppe geben.

Vom Suppenhuhn zur Hühnersuppe

Einkaufstip:

Beim Suppenhuhn oder auch bei Hühnerteilen besteht das gleiche Problem wie beim Rindfleisch. Auch wenn beim Geflügel bislang keine auf den Menschen übertragbaren Seuchen aufgetreten sind, wird jeder wirkliche Genießer großen Wert darauf legen, daß sein Suppenhuhn nicht mit ekelerregenden Abfällen gefüttert wurde, sondern, wie es sich gehört, mit Körnern. Das kann dann getrost etwas teurer sein, denn schließlich steht es ja nicht täglich auf dem Speiseplan. Gerade bei Hühnern oder Hähnchen ist der Geschmacksunterschied zwischen einem Tier aus der Billigproduktion und einem, das frei scharren konnte und mit Getreide gefüttert wurde, enorm.

Hühnersuppe

Zutaten:

1 Suppenhuhn (gerupft und ausgenommen, ohne Kopf und Füße)
1 Bund Suppengrün
Salz
Wasser

Zubereitung:

Das Huhn mit kaltem Wasser gründlich waschen. In einem ausreichend großen Topf etwa eineinhalb Liter Wasser zum Kochen bringen. Das Huhn dazugeben und aufkochen. Zudecken und etwa eine halbe Stunde leicht kochen lassen. Das Suppengrün waschen und in grobe Stücke schneiden. 1 TL Salz und das Suppengrün in den Topf geben und alles so lange kochen, bis das Huhn gar ist. (Dies ist der Fall, wenn das Fleisch sich leicht von den Knochen lösen läßt). Das Huhn herausnehmen und abkühlen lassen. Die Brühe durch ein Sieb gießen, dann kaltstellen, bis sich das Fett abgesetzt hat, und die Fettschicht entfernen. Das geht an kälteren Tagen am besten vor dem Fenster oder auf dem Balkon.

Aufpassen, daß keine Katzen oder Hunde ans Hühnerfett kommen: Hühnerfett geht praktisch unverdaut durch die lieben Hausgenossen hindurch. Die Folgen sind für Einrichtung und Tiere äußerst unangenehm.

Das Suppenhuhn und die Brühe geben die Grundlage für zwei schmackhafte und haltbare Gerichte: Bei einem Huhn jeweils zwei Portionen Hühnerfrikassee oder Nudelsuppe (Eintopf).

Hühnerfrikassee

Zutaten:

Fleisch von 1 gekochten Suppenhuhn
1 Eßlöffel Butter
1 Eßlöffel Mehl
3 Eßlöffel Sahne
etwa 3/8 l Hühnerbrühe
etwas Saft einer unbehandelten Zitrone
eine Handvoll Tiefkühlerbsen
2–3 Champignons oder 1 kleine Dose
evtl. ein paar Stangen Spargel
Salz, Pfeffer
evtl. etwas Weißwein

Zubereitung:

Die Butter in einem mittelgroßen Topf bei geringer Hitze schmelzen lassen und das Mehl unter ständigem Rühren darin anschwitzen, das heißt, die Mischung aus Butter und Mehl sollte eine hellgelbe Farbe bekommen. Nach und nach die Brühe dazugießen (immer nur kleine Mengen, nicht alles auf einmal) und unter weiterem ständigen Rühren – am besten mit einem Schneebesen – kochen, bis eine glatte Sauce entsteht. (Sollten doch Klümpchen entstanden sein, kann die Sauce vor der Weiterverarbeitung durch ein feines Sieb gerührt werden.) Die Erbsen, den geschälten und in Stücke geschnittenen Spargel und die in Scheiben geschnittenen Champignons circa 10 Minuten lang in dieser Sauce kochen lassen. Achtung: Zutaten aus der Dose sind bereits gar. Werden also z. B. Champignons und Spargelstangen aus der Dose verwendet, dann nur die Erbsen mitkochen; die Pilze und den Spargel erst hinzufügen, wenn die Erbsen weich sind.

Die Sahne und das in Stücke geschnittene Hühnerfleisch untermischen. Mit etwas abgeriebener Zitronenschale, dem Saft einer halben Zitrone und – wenn die Sauce noch zu dickflüssig ist – einem Schuß Weißwein abschmecken. Eventuell nachsalzen und frischen Pfeffer darüber mahlen. Dazu paßt am besten Reis (siehe Seite 52)

Hühnersuppentopf

Zutaten:

Hühnerbrühe

Fleisch von 1 gekochten Suppenhuhn

80 bis 100 g Suppennudeln

eine Handvoll Tiefkühlerbsen

evtl. Schnittlauch

Zubereitung:

Das gekochte und abgekühlte Suppenhuhn enthäuten (wer die Haut mag, kann sie natürlich dranlassen) und das Fleisch von den Knochen entfernen und in mundgerechte Stücke zerlegen. Etwa die Hälfte der Brühe zum Kochen bringen, dann eine handvoll Tiefkühlerbsen und etwa 80 bis 100 g Suppennudeln (am besten nicht die ganz dünnen, feinen) hineingeben und ca. 5-10 Minuten darin kochen lassen, bis die Nudeln den richtigen Biß haben. Dann die Fleischstücke in der fertigen Suppe heiß werden lassen und mit Salz und evtl. Pfeffer nachwürzen. Kleingeschnittener Schnittlauch paßt dazu.

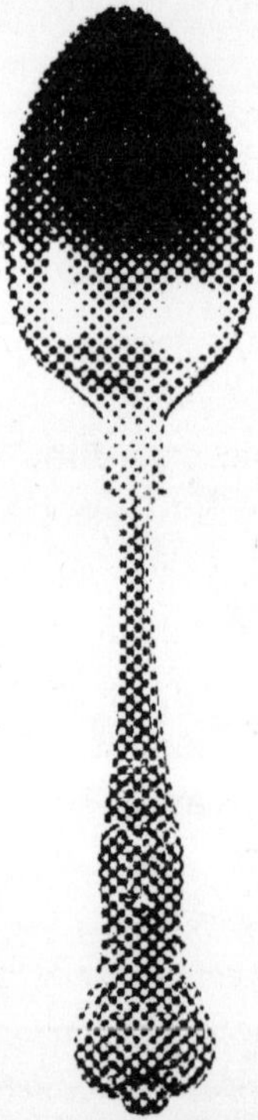

6.) Wer eine Lampe hat, darf das Öl nicht sparen

Iß mehr Karotten, heißt es, das ist gut für die Augen – oder hast du schon einmal ein Karnickel mit Brille gesehen? Nun, es ist gut für die Karnickel, daß sie neben Karotten auch den ölhaltigen Raps fressen – sonst müßten sie nämlich alle zum Optiker.
Zu einer ausgeglichenen Ernährung gehören auch Öl, Butter und andere Fette. Manche Wirkstoffe im Essen werden erst durch Fett aktiv, weshalb die Menschen, die nie Fett zu sich nehmen, sicher nicht gesünder leben als jene, die es im Übermaß tun. Karotin beispielsweise, dem manche Ernährungs-Gurus wahre Wunder nachsagen, wird erst durch Fett freigesetzt. Eine rohe Karotte zu essen, hilft also weder gegen schwache Augen noch gegen Jetlag. Erst, wenn man die Karottenscheiben in Butter schwenkt, wird das Karotin »aufgeschlossen«. Übrigens schmeckt die Mohrrübe dann auch noch viel besser ...

Einkaufstip:

Für den Ein-Mann-Haushalt ist es besonders wichtig, kleine Portionen von Butter und Öl einzukaufen. Auch Fett der besten Qualität kann rasch verderben – gerade weil ihm wenig oder keine Chemie beigefügt wird. Pflanzenfett, gute Butter und Butterschmalz (das ist geklärte Butter, der das Wasser entzogen wurde; Butterschmalz läßt sich deshalb sehr gut zum Braten verwenden, weil es nicht so rasch anbrennt) bekommt man in jedem Supermarkt. Bei Olivenöl lohnt es, sich nach und nach durch Probieren schlauzumachen. Es gibt große Qualitäts- und Geschmacksunterschiede. Ein schweres, aromareiches Öl mit starkem Eigengeschmack ist nicht jedermanns Sache und paßt auch nicht zu allen Gerichten. Es ist meist schon in der Flasche an der dunklen, grünen Farbe zu erkennen. Für den täglichen Gebrauch ist ein leichtes, fruchtiges Olivenöl mit nicht sehr markantem Geruch in der Regel vorzuziehen.

Auf eines sollte immer geachtet werden: Das Öl sollte kaltgepreßt sein und aus der ersten Pressung stammen (»extra vergine«), weil es dann reich an essentiellen (nicht freien) Fettsäuren ist. Folgende Bezeichnungen lassen dies erkennen:

- *Natives Olivenöl extra* = kaltgepreßtes Olivenöl mit höchstens 1 g freien Fettsäuren je 100 g Öl.
  Extra virgen (spanisch) oder extra vergine (italienisch) ist ebenfalls natives *Olivenöl extra*
- *Natives Olivenöl* = kaltgepreßtes Olivenöl mit höchstens 2 g freien Fettsäuren je 100 g Öl
- *Olivenöl* = eine Mischung von raffinierten und nativen Olivenölen mit einem Gehalt an freien Fettsäuren von höchstens 1,5 g je 100 g Öl.

Ausgefallene Öle sind derzeit eine Art Kult. Walnußöl, Traubenkernöl, Macadamianußöl, Erdnußöl, Kürbiskernöl, Sesamöl – so unterschiedlich sie auch schmecken, sie haben eines gemeinsam: Einmal geöffnet, sollten sie zügig verbraucht werden, sonst werden sie schlecht.

Eine Flasche Maiskeimöl oder Sonnenblumenöl, die beide fast geschmacksneutral sind, und eine Flasche gutes Olivenöl – am besten nur eine Halbliter-Flasche – sind für eine kleine bis mittlere Küche für alle Fälle ausreichend. Mit einer Packung Butterschmalz, das sehr lange haltbar bleibt, und frischer Butter läuft der Haushalt wie geschmiert.

Crostini – die einfachste Art, Olivenöl zu genießen

Zutaten:

einige Scheiben Weißbrot (kann auch vom Vortag sein)
Olivenöl
1–2 Tomaten
1 Zehe Knoblauch
Salz
(Oder statt Tomaten und Knoblauch:
1 kleines Bündel Rucola-Salat
Zitrone
Salz)

Zubereitung:

Die Tomaten in kleine Würfel schneiden, den Knoblauch entweder fein hacken oder durch die Knoblauchpresse drücken und mit den Tomatenwürfeln vermischen.
Die Rucola grob hacken, mit Zitrone und etwas Öl beträufeln.
Die Weißbrotscheiben in einer Pfanne mit viel Olivenöl von beiden Seiten goldbraun braten. Erst auf dem Teller mit der Tomaten- oder Rucolamischung belegen und salzen. Das ist eine feine, kleine Zwischenmahlzeit oder Vorspeise. Wenn gerade Schwarz- oder Graubrotreste im Haus sind, können auch diese verwendet werden.

In Olivenöl eingelegtes Kalbskotelett

Zutaten:

1 großes Kalbskotelett

ca. 2 Eßlöffel Olivenöl

1 Zweiglein frischer oder getrockneter Rosmarin

1 Zehe Knoblauch (nach Geschmack)

Salz, Pfeffer

Zubereitung:

Das Kotelett – es sollte keinesfalls von einem sehr jungen Kalb, eher von einem Jungrind stammen, weil es dann mehr Biß und Geschmack hat – mit Knoblauch, Rosmarinnadeln und reichlich Öl einreiben und einige Stunden in einem tiefen Teller kaltstellen. Eine schwere Pfanne mit wenig Öl (weil ja das Fleisch schon damit behandelt ist) kurz auf der stärksten Stufe des Herdes erhitzen, dann auf mittlere Stufe zurückschalten. Das Kotelett rasch darin braten, das heißt von jeder Seite etwa drei bis fünf Minuten, je nach Dicke. Wer es genau wissen will, wie gar das Fleisch ist, kann ohne Bedenken vom Rand her einen kleinen Schnitt mit einem scharfen Messer machen, um zu sehen, wie's drin aussieht – wenn das Fleisch am Knochen nicht mehr rötlich ist, ist es gar. Erst beim Servieren salzen und pfeffern. Mit Weißbrot und Salat ist das eine herrliche, unkomplizierte Mahlzeit.

So ein Kotelett eignet sich auch hervorragend für den Holzkohlengrill. Wer Freunde oder Familie im Sommer zu einem Grillabend einlädt, wird mit diesem würzigen Fleisch immer Ehre einlegen. Im übrigen sollten alle Sachen, die auf den Grill kommen, egal ob Fleisch, Würstchen oder Fisch, vorher mit Öl eingerieben oder bepinselt werden, damit sie nicht auf dem Rost festkleben.

Straccetti – dünne Fleischscheiben, in Olivenöl gebraten

Zutaten:

150 g Rindfleisch von Lende, Rose oder Hüfte (es geht auch mit Scheiben vom Schweinsfilet)
etwas Olivenöl
Salz, Pfeffer
1 Bündel Rucola-Salat (ca. 50 g)

Zubereitung:

Fleisch möglichst schon im Laden in dünne Scheiben schneiden lassen. Die Rucola waschen, gut abtropfen lassen und das Bündel quer in Streifen schneiden. Olivenöl in der Pfanne erhitzen, die Scheiben sehr rasch darin braten – 1 bis 2 Minuten. Sofort auf einem angewärmten Teller anrichten, mit Salz und Pfeffer würzen und mit der Rucola bedecken. Darüber noch ein wenig Olivenöl träufeln. Fertig.

7.) Sauer macht lustig?

Was denn nun? Auf der einen Seite heißt es, daß jemand sauer, stocksauer, stinksauer wird. Andererseits soll sauer lustig machen? Also, wenn jemand unerwartet auf etwas sehr Saures beißt oder einen sauren Saft erwischt, ist seine Grimasse allenfalls für die anderen lustig. Wenn aber ein Gericht oder ein Getränk die erwünschte Säure hat, die der Sache erst den Kick gibt, dann ist das ein Genuß. Die richtige Dosierung von Zitrone oder Essig kann über das Gelingen einer Speise entscheiden.

Ähnlich wie beim Öl ist es zur Zeit chic, die unterschiedlichsten Essigsorten zu horten. Beerenessig, Apfelessig, Sherryessig, Essig mit verschiedenen Kräutern, Rot- und Weißweinessig und vor allem Balsamico-Essig in allen Preislagen. Er kommt aus Italien, genauer aus Modena. Dieser **Aceto balsamico**, ein wahrer Balsam der kalten Küche, wird aus Traubenmost hergestellt. Er wird nach Beginn der Gärung gefiltert, langsam eingekocht und in Holzfässer gefüllt. Pro Jahr verdunsten etwa zehn Prozent des Essigs, so daß die Flüssigkeit immer dunkler und würziger wird – und immer wertvoller. Jahrzehntealter Balsamico ist sehr teuer und für die Alltagsküche zu schade. Man möchte ihn am liebsten nur tropfenweise pur genießen. Hundert Milliliter von zwanzig Jahre altem **Aceto balsamico** kosten an die dreihundert Mark.

An der anderen Ende der Skala steht die hochprozentige Essigessenz - sie eignet sich eher zum Ablösen von Kalk in Waschbecken und Wassertöpfen als zum Herstellen einer Salatsoße.

Einkaufstip:

Für den kleinen Haushalt empfiehlt es sich, zwei Sorten Essig vorrätig zu halten: eine Flasche Aceto balsamico mittlerer Preislage (das heißt, daß der halbe Liter etwa zehn bis fünfzehn Mark kosten darf) und eine Flasche Weißweinessig. Der Balsamico eignet sich so ziemlich für alle Salate. Weißweinessig ist wichtig bei Speisen, die sich nicht verfärben sollen, wie zum Beispiel Kartoffelsalat. Wenn zu diesen beiden Sorten noch die eine oder andere Essig-Spezialität dazukommt, beispielsweise als Geschenk, ist das kein Schaden. Im Gegensatz zu Öl hält sich Essig sehr lange.

Blattsalat mit Essig-Öl-Marinade

Zutaten:

1 Teelöffel Balsamico
1 Eßlöffel Olivenöl
1 Messerspitze Zucker
1 Prise Salz
1 Messerspitze scharfer Senf
1 kleine Knoblauchzehe
1 kleiner Kopf Salat oder
etwa 100 g Salatmischung oder
100 g Feldsalat

Zubereitung:

Den Knoblauch durch die Knoblauchpresse drücken oder auf einem Plastikbrettchen mit einer Gabel zerdrücken; wenn man etwas Salz dazu gibt, geht das leichter (aber Vorsicht: dieses Salz muß bei der Marinade berücksichtigt werden!). Knoblauch, Zucker, Salz, Essig, Öl und Senf in einem Schälchen oder einer Tasse verrühren und am besten löffelweise über den sauber geputzten und gut abgetropften Blattsalat träufeln. So läßt sich die Menge gut dosieren und man ist vor unliebsamen Überraschungen sicher. Diese Marinade ist nichts für Leute, die den Salat nur etwas parfümiert haben wollen, sondern für solche, die die Sauce kräftig und gehaltvoll lieben.

Kopfsalat, Romana, Endivien, Radicchio, Feldsalat, Rucola, Eichblattsalat, Frisée, einzeln oder gemischt, eignen sich mit dieser kräftigen Marinade hervorragend als Begleitung zu einem schönen Stück Fleisch, wie zum Beispiel dem Kalbskotelett.

8.) Die dümmsten Bauern ernten die dicksten Kartoffeln?

An dieser Redensart ist mehr dran, als man zuerst denkt. Denn mit großen, dicken Kartoffeln hat der Bauer zwar schnell etliche Tonnen auf der Waage, aber auch ein Problem am Hals. Große Kartoffeln sind höchstens für Lagerfeuer und Grill beliebt, wo man sie in Alufolie gart – ansonsten werden sie industriell verwertet, und das bedeutet für den Bauern weniger Geld. Der schlaue Händler kann auf dem Markt für kleine, schnuckelige Kartoffeln viel mehr verlangen als für die großen Brummer.

Wie groß oder klein auch immer, Kartoffeln sind geradezu unheimlich gesund: jede Menge Vitamine (C, B1, B 2, B 3, B 6), wertvolle Mineralstoffe (Eisen, Magnesium, Phosphor, Kalium), wichtige Ballaststoffe, und dabei wenig Fett und nur 68 Kalorien pro 100 g.

Einkaufstip:

In Deutschland werden weit über 100 Kartoffelsorten angebaut. In Läden und auf Märkten sind leider nur wenige davon zu finden, diese aber mit schönen Namen: Hansa, Nicola, Sieglinde, Carola, Desirée, Granola, Primura, Quarta, Grata, Aula, Maja und Spunta. Kartoffeln werden nach drei Sorten unterschieden: mehlig, vorwiegend festkochend und festkochend. Beim Preisvergleich kann man ziemlich ins Staunen kommen. Ist beim Bauern ein Zentner Kartoffeln oft schon für 20 Mark zu bekommen, bezahlt man auf Großstadtmärkten zwischen 2,50 Mark und fast 6 Mark pro Kilo! Nun hat es wenig Sinn, sich im kleinen Haushalt einen riesigen Kartoffelberg anzulegen (die Zeit des Einkellerns ist wohl in den meisten Haushalten vorbei), aber auf den Preis zu achten, lohnt sich allemal. Natürlich wird man sich zu besonderen Anlässen auch einmal eine besondere Sorte von Kartoffeln wie zum Beispiel die kostspieligen Bamberger Hörnchen gönnen. Im Normalfall ist es am günstigsten, einen kleinen Vorrat einer Universalsorte wie beispielsweise Desirée oder Quarta zu halten. Für Kartoffelsalat, bei dem die Scheiben fest bleiben sollen, ist es besser, zu festkochenden, auch »speckig« genannten Sorten zu greifen, wie etwa zu Sieglinde oder Linda. Für Folienkartoffeln wickle man eine dicke Monalisa oder Desirée sauber geschrubbt in die Alufolie.

Der Vorrat ist schon deshalb wichtig, damit es niemandem geht wie Herrn Huber. Er kommt eines Abends später heim, die Läden sind zu, aber er hat einen unglaublichen Appetit auf Bratkartoffeln. Keine einzige Knolle im Haus. Er beschließt, die Witwe Meier vom dritten Stock, die er als einzige Person im Haus ein bißchen kennt, zu bitten, ihm ein paar Kartoffeln zu leihen. Auf dem Weg zum ersten Stock überlegt er, was er sagen soll. »Liebe Frau Meier, könnten Sie vielleicht so liebenswürdig sein und mir ein paar Kartoffeln leihen?« – Hm, nein, meint er auf der Treppe zum zweiten Stock, wenn ich zu freundlich bin, glaubt sie gleich, ich will noch was anderes von ihr. Sag ich einfach: »Frau Meier, können Sie so nett sein und mir bitte ein paar Kartoffeln leihen?« – Weiter geht es zum dritten Stock. Eigentlich muß ich da gar nicht so katzbuckeln, denkt er, schließlich war ihr Mann nur ein kleiner Beamter. Also sag ich: »Frau Meier, geben Sie mir sofort ein paar Kartoffeln!« – Er klingelt. Frau Meier öffnet. Sagt Herr Huber: »Wissen Sie was, Frau Meier, rutschen Sie mir doch den Buckel runter mit ihren dämlichen Kartoffeln!«

Bratkartoffeln I

Achtung: Die Vorbereitungszeit verlängert sich, da man die Kartoffeln bei diesem Rezept erst kochen muß, bevor man sie brät. Zeitsparend ist dieses Rezept also nur, wenn man die Pellkartoffeln noch vom Vortag übrig behalten oder im vorhinein gekocht hat. Wenn Sie es eilig haben, nehmen Sie das Rezept »Bratkartoffeln aus rohen Kartoffeln« (s. u.)

Zutaten:

2–3 große oder 5-6 kleine Kartoffeln (z. B. Desirée oder die festkochende Sieglinde)
1 kleine, fein geschnittene Zwiebel
2 Eßlöffel Butterschmalz oder Butter
ca. 50 g durchwachsenen, sehr klein gewürfelten Speck (»durchwachsen« heißt Speck, wenn er auch weiße Fettschichten enthält)
Salz, Pfeffer
Gemahlener Kümmel (nach Geschmack)

Zubereitung:

Die Kartoffeln gut waschen und ca. 30 Minuten in der Schale kochen; sie müssen beim Kochen vom Wasser bedeckt sein. Ob sie weich genug sind, stellt man fest, indem man sie mit einer spitzen Gabel ansticht. Wasser abgießen und Kartoffeln auskühlen lassen. Erst kurz vor dem Braten pellen und in Scheiben schneiden – nicht zu dünn, weil sie sonst zerkrümeln. Den gewürfelten Räucherspeck mit etwas Fett in der Pfanne auslassen (das heißt anbraten, bis das Fett des Specks austritt), dann die geschnittene Zwiebel darin glasig werden lassen. Noch einen Eßlöffel Butterschmalz dazugeben und die Kartoffelscheiben bei mittlerer Hitze von allen Seiten goldbraun braten. Regelmäßig und behutsam »umschaufeln«. Mit Salz, Pfeffer und eventuell gemahlenem Kümmel würzen.

Diese Bratkartoffeln passen ausgezeichnet zu Wiener Schnitzel (siehe S. 42f.). Man kann aber auch ein deftiges Hauptgericht daraus machen:

Bauernfrühstück

Zutaten:

Bratkartoffeln wie oben

2-3 Eier

Die Bratkartoffeln zubereiten wie oben angegeben, dann die aufgeschlagenen und verquirlten Eier gleichmäßig darübergießen und bei mittlerer Hitze weiterbraten, bis das Ei vollständig gestockt ist, also die Konsistenz von Rührei bzw. Omelett hat.

Bratkartoffeln aus rohen Kartoffeln

Zutaten:

Wie beim ersten Bratkartoffelrezept (S. 40)

Zubereitung:

Die rohen Kartoffeln schälen und in dünne Scheiben (max. 2-3 mm) schneiden. 1/2 Eßlöffel Butter oder Butterschmalz in der Pfanne erhitzen, den Speck darin auslassen und die Zwiebel anbraten. Wenn beide leicht braun geworden sind, aus der Pfanne nehmen und auf einem Extrateller zur Seite stellen. 1 1/2 Eßlöffel Butter oder Butterschmalz in die Pfanne geben und die Kartoffelscheiben bei geringer Hitze braten. Wenn die Unterseite goldbraun geworden ist, vorsichtig wenden und die andere Seite braten. Mit Salz, Pfeffer und eventuell dem gemahlenen Kümmel würzen. Die Kartoffeln brauchen – je nach Dicke der Scheiben – etwa 15 bis 20 Minuten; immer wieder einmal probieren, ob sie durch sind. Zum Schluß den Speck und die Zwiebeln untermischen. Eine größere Portion davon mit etwas Salat ist eine richtige Mahlzeit.

9.) Es ist nicht alles Gold, was glänzt: Vom Panieren

Im 15. und 16. Jahrhundert war es an italienischen Höfen üblich, Speisen mit Blattgold zu belegen; das sollte gesund fürs Herz sein. Irgendwann hörte dieser Unsinn auf, aber auf »goldene« Speisen wurde weiterhin wert gelegt. Mit Ei und feinen Semmelbröseln wurde ein ähnlich »goldener« Effekt erzielt. Das »Wiener Schnitzel« wurde also nicht in Wien geboren, sondern in der Lombardei - als **costoletta alla milanese**. Die Wiener ließen den Knochen weg, verwendeten dafür das zartere Schlegelfleisch und ernteten weltweiten Ruhm.

Wiener Schnitzel

Zutaten:

2 kleine Kalbsschnitzel

1 Ei

2 Eßlöffel Mehl

3 Eßlöffel feine Semmelbrösel

Salz

80 g Butter- oder Schweineschmalz

Zitrone

Zubereitung:

Schnitzelfleisch vorsichtig flachklopfen, damit die Fasern nicht zerstört werden, am besten zwischen Frischhaltefolie. Wenn kein geeignetes Instrument, wie etwa ein hölzerner Fleischklopfer, zur Hand ist, tun's auch der Boden der Bratpfanne oder die Unterseite der eigenen Faust. Das Fleisch sollte nach dieser Prozedur höchstens 4 mm dick sein. (Man kann die Schnitzel natürlich auch beim Metzger klopfen lassen, aber oft wird da zu robust zugeschlagen.) Das Fleisch auf beiden Seiten leicht salzen. In je einem tiefen Teller Mehl, Semmelbrösel und das mit ganz wenig Wasser verquirlte Ei bereitstellen. Die Schnitzel erst im Mehl wenden und vorsichtig abklopfen, damit nur eine hauchdünne Schicht bleibt. Dann das bemehlte Fleisch durch das geschlagene Ei ziehen, etwas abtropfen lassen und sofort leicht in die Brösel drücken; es soll keine dicke Schicht hängen bleiben. In einer Pfanne das Fett erhitzen. Die Schnitzel auf der Unterseite etwa drei bis vier Minuten braten, bis sie goldbraun geworden sind, dann umdrehen und die andere Seite braten. Während des Bratens die Pfanne immer wieder etwas rütteln, damit das Fett über die obere Seite der Schnitzel schwappt. Das bewirkt, daß die Panade schön saftig bleibt und sich wellig vom Fleisch abhebt. Mit einer Zitronenscheibe servieren.

Übrigens: Auch Schweinefleisch kann man selbstverständlich auf diese Weise zubereiten. Das ist dann ein Schnitzel »Wiener Art“; das Original-»Wiener Schnitzel« ist immer aus Kalbfleisch.

Erste Zwischenbilanz

Vom Spiegelei zum Wiener Schnitzel: Das ist – um die berühmte Aussage des ersten Menschen auf dem Mond, Neil Armstrong, einmal abzuwandeln – ein kleiner Schritt für einen Koch, aber ein großer Sprung für einen Anfänger. Mit dem Kochen ist es ähnlich wie mit dem Radfahren – oder mit dem unsicheren Herumstapfen auf der Mondoberfläche. Nach anfänglichem Wackeln bekommt man schnell ein Gefühl für die Balance, und wenn die gefunden ist, verlernt man sie nie mehr – selbst wenn man hin und wieder einen Sturz baut. Wer einmal zu tief ins Salzfaß gelangt hat, wird in Zukunft zurückhaltender mit dem Salz umgehen, und wer sein Kotelett einmal verbrannt hat, dem wird das wahrscheinlich nicht so schnell wieder passieren. Nach den ersten Kocherfahrungen, seien es nun gute oder schlechte, wird es immer einfacher, mit dem Grundmaterial umzugehen – und mit den Gewürzen und Kräutern.

10.) Gegen alles ist ein Kräutlein gewachsen: Kleine Gewürzkunde

In der Tat ist gegen fast jedes Zipperlein ein Kraut gewachsen. Aber nicht nur das: Glükklicherweise sind auch für **alles** schöne Kräutlein gewachsen, und dazu noch Wurzeln, Körner oder Schoten. Nun muß es nicht sein, daß sich in der kleinen Küche die Regale unter den Gewürzgläsern biegen. Aber zum Spaß am Kochen gehört eben auch das Experimentieren mit verschiedenen Gewürzen. Es lohnt sich also, zur eigenen Freude nicht nur die unbedingt nötigen Dinge wie Salz und Pfeffer und vielleicht noch Paprika vorrätig zu haben. Im übrigen stimmt es nicht, daß Chilischoten oder -pulver Löcher in den Magen fressen. In den USA wurde an Versuchspersonen ausprobiert, ob scharfgewürzte Speisen Schäden im Magen oder im Darm verursachen. Sie tun es nicht. (Das einzige, was schadet, ist Tabasco. Diese brennend scharfe Sauce enthält konzentrierte Essigsäure, und die ist es, die die Schleimhäute angreifen kann.) Also, nur Mut! Wer's gern scharf hat auf dem Teller, greife ruhig zum Chilipulver, bis er Feuer speit und die Augen tropfen.

Einkaufstips:

- **Basilikum** (kommt schon bei den nächtlichen Spaghetti vor) sollte am besten nur frisch verwendet werden. Getrocknet hat es wenig Geschmack. Wer den Duft und den Geschmack gerne mag, kann sich einen Topf mit Basilikum ins Fenster stellen und bei Bedarf die Blätter ernten. Ein Bündel aus dem Laden ist für die kleinen Portionen meist zuviel. Es kann aber gut eingefroren werden; der Geschmack bleibt einigermaßen erhalten, das Aussehen allerdings leidet unter dem Frostschock.

- Mit getrockneten **Chilischoten** oder Peperoncini – gemahlene Chilischoten sind auch unter der Bezeichnung Cayennepfeffer im Handel – kann man viele Gerichte aufpeppen. Aber auch wenn man's gerne sehr scharf hat, sollte man vorsichtig zu Werke gehen. Nachgelegt werden kann immer, zurücknehmen ist unmöglich.
- Auch **Ingwer** kann ordentlich Feuer in ein Gericht bringen. Er paßt aber in erster Linie zu asiatischen Speisen. Von dieser Wurzel können auch kleinere Stücke beinahe in jedem Supermarkt erworben werden. Frisch gerieben oder in feine Scheiben geschnitten schmeckt er am besten. Er hält sich in Frischhaltefolie gewickelt einige Wochen im Kühlschrank. Ingwerpulver ist nicht zu empfehlen. Und mit gehacktem, kandiertem Ingwer können zwar bei manchen Gerichten sehr eigenwillige Effekte erzielt werden, aber das gehört eher zum Thema Experimente.
- **Kapern** sind die Blütenknospen des Kapernstrauches, der in Mittelmeerländern wächst. Sie sind eingelegt in Gläsern zu haben. Kapern sind hervorragend dafür geeignet, einem einfachen Nudel- oder Hackfleischgericht einen besonderen Pfiff zu geben.
- **Lorbeer** wird hierzulande fast nur für saure Marinaden benutzt. Das ist schade, denn sein starkes Aroma paßt zu vielen Speisen; man muß sich nur trauen. Ein kleines frisches Lorbeerblatt, beispielsweise, im Bauch einer Forelle mitgebacken, gibt diesem Fisch eine ganz besondere Note. Getrocknete Lorbeerblätter sind überall zu kriegen; frische sind immer zur Hand, wenn man ein Lorbeerbäumchen als Topfpflanze hält.
- **Majoran** hat, anders als die meisten Kräuter, das beste Aroma in getrocknetem Zustand. Er paßt sehr gut zu Hackbraten und Buletten. Man sollte ihn aber nur in geringen Mengen verwenden, weil er sich sehr stark durchsetzt.
- **Oregano**, auch wilder Majoran genannt, schmeckt getrocknet sehr viel intensiver als frisch. Er wird zu sehr vielen italienischen Gerichten gebraucht.

- **Paprikapulver** gibt es mild, mittelscharf und sehr scharf. Rosenpaprika ist der schärfste, auch wenn der Name so milde klingt. Man verwendet ihn nicht nur für Gulasch, sondern er kann auch eingesetzt werden, wenn kein Chili im Hause ist. Vorsicht: Paprika darf nicht angebraten werden, sonst wird er bitter.
- **Petersilie** gibt es in jedem Supermarkt frisch oder gefroren zu kaufen; die frische ist selbstverständlich vorzuziehen. Sie enthält viel Vitamin C, was bei den geringen Mengen, die normalerweise verzehrt werden, keine große Rolle spielt. Petersilie gibt es mit glatten oder krausen Blättern. Die glatte schmeckt intensiver, die krause eignet sich mehr zur Dekoration. Petersilie verwendet man roh, und zwar fein oder grob gehackt, um Suppen, Saucen, Salaten, Omeletts und vielen anderen Gerichten optisch und geschmacklich den letzten Pfiff zu geben. Sie sollte höchstens kurz aufgekocht, niemals länger mitgekocht werden.
- **Pfeffer** sollte auch im kleinen Haushalt unbedingt selbst gemahlen werden. Dafür gibt es Pfeffermühlen in großer Auswahl, von ganz billigen Exemplaren, von denen abzuraten ist, weil sie sehr schnell unbrauchbar werden, bis zu teuersten Luxusausgaben mit Motor. Ob weißer oder schwarzer Pfeffer verwendet werden soll, ist je nach Rezept unterschiedlich – und vor allen Dingen Geschmackssache. Schwarzer Pfeffer ist intensiver als der eher milde weiße Pfeffer. Für den Grünen Pfeffer werden die unreifen Beeren geerntet und in Salzlake eingelegt; man benutzt sie zum Beispiel zum Pfeffersteak. Rosa Pfeffer ist kein richtiger Pfeffer; er stammt aus der Holunderfamilie, ist leicht giftig und darf – nachdem er etliche Jahre stark in Mode war - ruhig wieder vergessen werden.
- **Rosmarin** ist sehr gut in getrockneter Form vorrätig zu halten. Vor allen Dingen zum Einlegen von verschiedenen Fleischstücken in Öl ist er fast unentbehrlich.
- **Safran**, das teuerste aller Gewürze, sollte nicht in Pulverform, sondern in Fäden gekauft werden, weil es viele Fälschungen gibt. Man be-

kommt ihn in kleinen Tüten oder Plastikbehältern in guten Supermärkten, in Feinkostläden oder auch in Kleinstmengen in der Apotheke. Safran muß in geruchsdichten Behältern aufbewahrt werden, weil er sonst den Duft verliert. Er wird hierzulande in erster Linie für Risotto, Fischsuppen oder auch Paella gebraucht.

- Frischer **Schnittlauch** – feingeschnitten – harmoniert hervorragend mit den meisten Suppen. Aber auch Salaten, Eierspeisen und vielen, vielen anderen Gerichten bekommt eine Prise Schnittlauch sehr gut. Es gibt ihn ganzjährig frisch zu kaufen. Ein Topf mit Schnittlauch auf dem Fensterbrett ist allerdings nicht zu verachten.
- **Thymian** ist in getrockneter Form in einem gut verschließbaren Glas längere Zeit haltbar und sehr wichtig für italienische Gerichte wie zum Beispiel Tomatensauce. Zusammen mit etlichen anderen Kräutern ist er Bestandteil der Provencekräuter-Mischungen.
- **Provencekräuter** – eine Mischung aus Thymian, Oregano, Lavendel eventuell auch Lorbeer – sind sozusagen die Allzweckwaffe für alle Gerichte, die ein bißchen Mittelmeer-Flair entwickeln sollen.

Und noch ein Tip: Wenn in irgendeiner Ecke der Küche eine alte elektrische Kaffeemühle ihr Nischendasein fristet: herausholen! Kein Mensch mahlt mehr Kaffee, aber für Gewürze sind diese Geräte ideal, egal ob für Kümmel, Provence- oder andere Trockenkräuter.

Spaghetti mit Thunfisch-Kapern-Sauce

Zutaten:

100 g Spaghetti
1 Eßlöffel Salz für das Kochwasser
1 kleine Dose Thunfisch im eigenen Saft
1 Eßlöffel Kapern
etwas Olivenöl

Zubereitung:

In einem größeren Topf (ca. 3 l Fassungsvermögen) Wasser zum Kochen bringen und 1 Eßlöffel Salz dazu geben. Die Spaghetti in das kochende Salzwasser geben und je nach Packungsangabe etwa 5 bis 8 Minuten im sprudelnden Wasser kochen.

Währenddessen in einem Topf wenig Olivenöl erhitzen, den Thunfisch dazugeben und mit einer Gabel in kleine Stücke reißen, dann die Kapern untermischen. Wenn gerade süße Sahne im Haus ist, können 2 bis 3 Eßlöffel davon nicht schaden; die Sauce wird dann etwas sämiger. Die Thunfisch-Sauce sollte nicht kochen, sondern nur richtig heiß werden. Wenn die Nudeln fertig sind, durch ein Sieb gießen, auf einem vorgewärmten Teller anrichten und die dicke Sauce darübergeben.

Penne arrabiata

Zutaten:

100 g Penne (kurze Röhrennudeln)
1 Eßlöffel Salz für das Kochwasser
1 getrockneter Peperoncino
1 Eßlöffel Tomatenmark
2 Eßlöffel Olivenöl
geriebener Parmesan

Während die Penne kochen – sie brauchen etwa die doppelte Zeit wie Spaghetti –, die Samen aus dem getrockneten Peperoncino entfernen und die Schale in winzige Teile hakken. Vorsicht ist geboten; mit wenig anfangen und bei Bedarf nachwürzen. Wenn die Penne fast fertig sind, Olivenöl sanft erhitzen (es darf nicht zu rauchen anfangen), das Tomatenmark und die Peperoncino-Stücke dazugeben, kurz brutzeln lassen und dabei gut verrühren. Vom Feuer nehmen und die abgegossenen Penne damit vermischen. Auf dem Teller mit Parmesan bestreuen.

Chimichurri – die ganz andere Grüne Sauce

Zutaten:

2–3 Bündel Petersilie

5 Knoblauchzehen

Olivenöl

Salz

Zubereitung:

Knoblauchzehen schälen und durch die Knoblauchpresse drücken oder sehr, sehr fein hacken. Petersilie waschen, trocken tupfen und entweder mit einem Wiegemesser oder einem sehr scharfen Messer ebenfalls sehr fein hacken; eventuell mit dem Schneidemesser des Pürierstabes zerkleinern. Knoblauch und Petersilie vermischen, so viel Olivenöl dazugießen und untermischen, daß eine dicke Sauce entsteht. Salzen, in ein Glas füllen und mindestens zwei Stunden im Kühlschrank ziehen lassen. Diese Sauce eignet sich hervorragend zu jungen Kartoffeln ohne weitere Beigabe, aber auch zu gegrilltem oder gekochtem Fleisch. Im Kühlschrank hält sie sich mindestens zwei Wochen.

11.) Der Reis ist heiß

Vor etwa 7000 Jahren fingen Menschen in Asien an, die Körner des wildwachsenden Grases, aus dem später die Kulturpflanze Reis wurde, als Nahrungsmittel auszuprobieren. Im Lauf der Jahrtausende wurde der Reis zum Hauptnahrungsmittel in ganz Asien, später kam er über Persien nach Ägypten und mit den Mauren nach Spanien und Portugal. 1475 erschien in Rom ein Kochbuch mit den ersten genauen Rezepten für Reisgerichte aus der Lombardei.

Reis ist zwar ein sehr gesundes Nahrungsmittel, aber von der berühmten einen Schale Reis am Tag kann niemand auf die Dauer leben, nicht der Rikscha-Mann in Asien und schon gar nicht der verwöhnte Mitteleuropäer. Gesundheitsbewußte sollten Naturreis essen, nur er enthält die wichtigen Vitamine und Mineralstoffe. Aber wie es häufig vorkommt, zieht auch beim Reis die Mehrheit das weniger Gesunde dem Gesunden vor und greift zu den veredelten Sorten.

Einkaufstips:

Da Reis sich lange ohne Qualitätsverlust lagern läßt, können ohne Bedenken mehrere Sorten als Vorrat gehalten werden. Wer gerne Reis als Beilage zu einem Fleisch- oder Fischgericht hat, wird Parboiled Reis bevorzugen, der locker und körnig bleibt und bei dem durch ein spezielles Verfahren vor dem Schälen die wertvollen Vitamine und Mineralstoffe in das Innere des Reiskorns gepreßt werden, damit sie nicht völlig verloren gehen. Liebhaber asiatischer Gerichte brauchen den Duft- oder Basmati-Reis, der etwas klebriger ist und deshalb auch gut mit Stäbchen gegessen werden kann, und für Paella oder Risotto ist am besten der europäische Reis aus Spanien und Italien, wie zum Beispiel Ribe oder Arborio.

Und noch eins: Kochbeutelreis ist zwar einigermaßen narrensicher, aber eigentlich eines Kochs im 2. Semester schon unwürdig.

Grundrezepte

Parboiled Reis

Ein Teil Reis, knapp zwei Teile Wasser mit etwas Salz zugedeckt kurz aufkochen, auf kleinstmögliche Hitze schalten und fest zugedeckt circa 20 Minuten garen.

Duft- oder Basmati-Reis

Ein Teil Reis, eineinhalb Teile Wasser mit etwas Salz in einen Topf mit Deckel, kurz aufkochen, auf kleinstmögliche Hitze schalten und fest zugedeckt circa 15 Minuten garen. Eventuell noch etwas Flüssigkeit dazugeben, wenn er zu trocken erscheint.

Gebratenes Schweinefleisch mit Paprikaschoten und Ingwer

Zutaten:

1/2 Tasse Duft- oder Basmatireis
3/4 Tasse Wasser
Salz
150 g Schweineschnitzelfleisch
1 grüne Paprikaschote
1 rote Paprikaschote
1 Zwiebel
1 Stückchen frische Ingwerwurzel
Mehl
Soja-Sauce salzig
Soja-Sauce süß
trockener Sherry
2 Eßlöffel Öl

Zubereitung:

Reis nach Grundrezept (s. o.) zubereiten. Fleisch in dünne Streifen schneiden, in etwas Mehl wälzen und überschüssiges Mehl abschütteln. Paprikaschoten waschen, abtrokknen, Stiel und Samen entfernen und Schoten in Streifen schneiden, die etwa so breit sind wie die Fleischstreifen. Zwiebel halbieren und die Hälften in sehr feine Scheiben schneiden. Ingwerwurzel schälen und entweder in sehr dünne Scheibchen schneiden oder mit einer Reibe fein reiben.

Die Hälfte des Öls in einem Wok oder einer Pfanne erhitzen, Paprika und Zwiebel etwa fünf Minuten braten, dann auf einem angewärmten Teller zur Seite stellen. Das Gemüse soll nicht mehr roh sein, aber auch nicht weich. Den Rest des Öls in die Pfanne geben und das Fleisch bei starker Hitze circa zwei Minuten braten. Hitze reduzieren, Gemüse wieder dazugeben. Nun mit Ingwer, süßer und salziger Soja-Sauce sowie Sherry nach und nach würzen; dazwischen immer wieder probieren, damit die Sache nicht zu scharf und zu salzig wird. Wer keine Soja-Saucen eingekauft hat, kann sie durch Salz und etwas Honig ersetzen.

Gegessen wird, wenn man Lust hat, stilecht aus Schälchen mit Stäbchen. Daß das Essen mit Stäbchen schon deshalb gesünder sei als mit Messer und Gabel, weil wir dadurch langsamer essen, ist ein Gerücht. Schon nach kurzer Zeit hat jeder den Bogen raus und schaufelt mit den Stäbchen den Reis mit seinen bunten Beilagen in gewohnter Schnelligkeit von der Schale in den Mund. Ein Schnellesser wird auch mit Stäbchen schnell essen, ein geruhsamer Esser langsam.

Risotto alla parmigiana

Zutaten:

25 g Butter

1/2 Zwiebel

80 bis 90 g Arborio-Reis

3/8 l heiße Fleischbrühe

30 g Parmesan

Zubereitung:

Zuerst die Brühe in einem kleinen Topf zubereiten (1/2 Brühwürfel) bzw. erhitzen (Gefriervorrat).

Nun die Zwiebel fein hacken, den Parmesan reiben. Die Hälfte der Butter in einem kleinen Topf erhitzen und die gehackte Zwiebel andünsten. Wenn sie anfängt, braun zu werden, den Reis hinzufügen. Unter Rühren glasig werden lassen (etwa eine Minute), dann mit einem Schöpflöffel kochendheiße Brühe angießen. Der Reis muß darin kochen. Bevor die Brühe vollständig aufgesogen ist, wieder Brühe dazugießen und umrühren. Auf diese Weise weitermachen bis der Reis al dente ist; das heißt, er sollte noch etwas Biß haben. Wem das nicht zusagt, der muß ihn noch ein paar Minuten länger ziehen lassen. Den fertigen Reis vom Herd nehmen, die restliche Butter und den Käse unterrühren. Dies ist neben dem Risotto milanese, der mit Rindermark zubereitet wird, der absolute Klassiker unter den Risotti. Als Getränk paßt am besten ein trockener, gut gekühlter Weißwein.

Feine Gemüse-Paella

Zutaten:

3/4 Tasse Ribe- oder Arborio-Reis

1 Tomate

etwas trockener Weißwein

Wasser

Olivenöl

1 Karotte

1 Zwiebel

1 grüne Paprikaschote

Rosenpaprika oder Chilipulver
Salz
Safran
evtl. Käse zum Überbacken

Zubereitung:

Karotte schälen (am besten mit dem Kartoffelschäler) und in kleine Würfel schneiden. Zwiebel grob schneiden. Paprikaschote waschen, abtrocknen, Stiel und Samen entfernen und Fruchtfleisch in Stücke schneiden. Wer mag, schält die Tomate, die dafür vorher mit Hilfe eines Schöpflöffels kurz in kochendes Wasser getaucht wird, damit die Haut leicht abgeht. Die Tomate in kleine Würfel schneiden.

In einem kleinen Topf den Reis mit etwas Olivenöl kurz andünsten, salzen, die Tomatenstückchen, ein paar Safranfäden und eine Messerspitze Rosenpaprika oder Chilipulver dazugeben und mit etwa 1 1/4 Tassen Flüssigkeit (halb Wein, halb Wasser) angießen. Dann nach dem Grundrezept verfahren. Wenn der Reis zu trocken erscheint, noch mit etwas Weißwein nachhelfen.

In einer Pfanne Olivenöl erhitzen, Karottenwürfel darin andünsten, bis sie nicht mehr ganz hart sind, dann Zwiebel und Paprikaschote hinzufügen und zusammen dünsten. Das Gemüse sollte noch Biß haben, also auf keinen Fall zu weich gekocht sein.

Wenn der Reis gar ist, Gemüse, Reis und noch etwas Olivenöl daruntermischen und nach Geschmack nachwürzen. Entweder gleich servieren oder mit Käse bestreuen und im Backofen noch eine Viertelstunde lang überbacken.

Die hier angegebenen Gemüsesorten sind nur ein Vorschlag. Es können auch alle möglichen anderen Arten verwendet werden, je nach persönlichen Vorlieben.

Reisfleisch

Zutaten:

200 g Schweinefleisch (von der Schulter) oder bereits geschnittenes Schweinegulasch
1 Lorbeerblatt (nicht unbedingt nötig)
1 fein geschnittene Zwiebel
1 Zehe Knoblauch
ca. 200 ml Brühe oder Wasser mit einem halben Brühwürfel
1 Teelöffel edelsüßes Paprikapulver
1 Messerspitze scharfes Paprikapulver
1 Prise gemahlenen Kümmel
80 bis 100 g Parboiled Reis
1 Eßlöffel geriebener Parmesan
Olivenöl
Salz, Pfeffer

Zubereitung:

Die Zwiebel in einem mittleren Topf in erhitztem Öl glasig werden lassen, das in Würfel geschnittene Fleisch, den fein gehackten Knoblauch und die Gewürze dazugeben, salzen und pfeffern. Etwa 15 bis 20 Minuten lang unter wiederholtem Umrühren brutzeln lassen. Das Paprikapulver einrühren (Vorsicht, es darf nicht anbraten, weil es sonst bitter wird!) und die Brühe dazugießen – bei 80 g Reis etwas weniger Flüssigkeit, bei 100 g etwas mehr. Aufkochen lassen, dann die Hitze reduzieren und das ganze zugedeckt etwa eine halbe Stunde köcheln lassen. Nach dieser Zeit den Reis dazugeben. Wenn der Reis abgesunken ist, muß noch etwa 1 cm Flüssigkeit darüber stehen, sonst noch etwas Brühe nachgießen. Zugedeckt bei etwa 160 Grad im Backofen oder auf sehr kleiner Flamme auf dem Herd fertig garen. Beim Anrichten mit Parmesan oder – nach Geschmack – mit einer anderen Käsesorte bestreuen.

Wer dieses klassische Reisgericht gerne schärfer hätte, kann natürlich, zusätzlich zum edelsüßen Paprika, kräftig mit scharfem Paprika nachhelfen.

12.) Fischers Fritz fischt frische Fische

Wer sich schon an Wiener Schnitzel und an chinesisches Schweinefleisch gewagt hat, sollte sich vor einem Fisch nicht fürchten. Viele Hausfrauen und -männer haben einen heiligen Respekt davor, so ein Wassertier selbst zuzubereiten. Natürlich gibt es furchtbar komplizierte Fischrezepte, die viel Geduld und Fingerspitzengefühl verlangen, aber auch einfache Zubereitungsarten, die so gut wie nie danebengehen.
Fisch, vor allem »wilder Fisch«, der nicht aus Zuchten kommt, ist gesund, auch wenn von einem unverfälschten Naturprodukt leider nicht mehr überball die Rede sein kann. Von sehr fetten Sorten – wie beispielsweise Aal – einmal abgesehen, ist Fisch leicht verdaulich, kalorienarm, vitaminreich und hat einen hohen Anteil an mehrfach ungesättigten Fettsäuren, die angeblich Herzinfarkt und Verkalkung vorbeugen. Auch von gezüchtetem Fisch kann nicht grundsätzlich behauptet werden, daß er ungesund sei. Es ist nur leider so, daß einige Großzüchtereien mit Unmengen von Medikamenten und belastetem Kraftfutter arbeiten. Der Verbraucher kann das im Normalfall nicht erkennen. Nur wer die Möglichkeit hat, beispielsweise einen echten Wildlachs neben einem gemästeten Zuchtlachs zu sehen, sieht den Unterschied: Der Naturlachs hat einen schlanken Körper, der Mastlachs sieht aus wie das Hängebauchschwein des Meeres.

Einkaufstips:

Fisch muß frisch sein! Frisch ist natürlich nicht gleich frisch. Denn bis Meeresfische vom Ozean zum Fischhändler gelangen, vergehen immer Tage. Und selbst wenn die Lieferung eingeflogen wird, heißt das noch nicht, daß zwischen Fang und Verkauf nur Stunden liegen. Die Ware muß ja erst einmal an Land gebracht werden. Die Seefischmärkte werden regelmäßig von zuverlässigen Amtstierärzten kontrolliert, Transportfirmen und Handel mit gelegentlichen Stichproben überwacht. Es lohnt sich auf jeden Fall, bei sogenanntem Frischfisch – der Ausdruck besagt zunächst nicht mehr, als daß es sich nicht um gefrorene Ware handelt – genauer hinzusehen. Bei ganzen Fischen ist darauf zu achten, daß die Augen klar, die Kiemen leuchtend rot und nicht schleimig-fleckig sind und daß die Haut glänzt. Bei Fischfilet tut man sich schwerer. In keiner Fischabteilung eines Kaufhauses oder Supermarkts und auch nicht beim Fischhändler kann man die Nase in den Fisch stecken, was die einzig wahre Möglichkeit wäre, die Frische festzustellen. Es bleibt also nur, sich auf die Seriosität des Händlers zu verlassen.

Bei Flußfischen ist man besser dran. Sie werden meist lebend in Becken gehalten und erst beim Kauf getötet (»geschlagen«). Das Paradoxe bei solchen Fischen ist eher, daß sie *zu* frisch sein können. Nach dem Schlagen wird ihr Fleisch erst einmal unangenehm fest und es dauert einige Stunden, bis es wieder elastisch ist. Erst dann sollte der Fisch zubereitet werden.

Forelle Müllerin

Zutaten:

1 kleine bis mittlere Forelle

Mehl

Salz

Butter

Zitrone

evtl. 1 Lorbeerblatt

Die Forelle sollte bereits ausgenommen sein, wenn Sie sie mit nach Hause nehmen. Diese Arbeit übernimmt der Fischhändler für Sie. Tiefgefrorene Forellen sind stets ausgenommen.

Zubereitung:

Die ausgenommene Forelle innen und außen kurz waschen, vorsichtig mit Küchenpapier trockentupfen, salzen, eventuell ein Lorbeerblatt in den Bauch stecken und den Fisch in Mehl wälzen. Einen Eßlöffel Butter in der Pfanne erhitzen und den Fisch erst auf der einen Seite, dann auf der anderen schön braun braten. Das dauert auf jeder Seite etwa 7–10 Minuten, je nach Größe. Eventuell noch etwas Butter dazu tun; die Forelle soll zwar nicht gerade in Butter schwimmen, aber doch davon umspült sein. Ob der Fisch durch ist, kann man feststellen, indem man ein Stück der Rückenflosse herauszieht; geht das leicht und sind die Rückengräten nicht mehr blutig, ist die Forelle gar. Auf dem angewärmten Teller mit der braunen Butter übergießen und mit einem Stückchen Zitrone garnieren.

Der Name Müllerin kommt übrigens daher, daß der Fisch eingemehlt wird. Dieselbe Methode kann auch bei anderen Fischarten angewandt werden, zum Beispiel bei Saibling, Renke oder auch Seezunge.

Erstens: **Thunfisch** wächst nicht in Dosen. Zweitens: Er schmeckt frisch ganz hervorragend; übrigens auch als gegrillter Leckerbissen. Drittens: Es gibt ihn nicht immer.

Statt Thunfisch kann für das folgende Rezept auch Schwertfisch oder ein anderer Knochenfisch mit festem Fleisch verwendet werden.

Thunfisch mit Senf-Kapern-Sauce

Zutaten:

1 Scheibe Thunfisch von ca. 200 g (Vorsicht: eine Scheibe Thunfisch kann je nach Umfang des Fisches bis zu einem Kilo wiegen, auch wenn sie nicht zu dick geschnitten wird.)

Salz

Mehl

2 Eßlöffel Schmand oder Crème fraîche

1 Teelöffel scharfer Senf

1 Eßlöffel Kapern

Olivenöl

Zubereitung:

Thunfisch-Scheibe kurz waschen, gut trocke tupfen, salzen und in etwas Mehl wälzen, überflüssiges Mehl abschütteln. Öl in der Pfanne erhitzen und den Fisch von beiden Seiten schön goldbraun braten. Das dauert je nach Stärke der Scheibe auf jeder Seite etwa fünf bis sieben Minuten. Es schadet nichts, wenn man vorsichtig mit einer Gabel oder einem Messer die Scheibe an einer Stelle etwas öffnet, damit man sieht, wie weit sie gar ist. Den gebratenen Fisch aus der Pfanne nehmen und auf einem angewärmten Teller zur Seite stellen. Den Schmand bzw. die Crème fraîche, den scharfen Senf und die Kapern zum Öl in die Pfanne geben, gut verrühren und kurz aufkochen, eventuell nachsalzen. Den Thunfisch in der Sauce noch einmal kurz erwärmen und sofort servieren. Mit frischem Weißbrot ist die Mahlzeit perfekt.

Betrunkener Tintenfisch (für mindestens zwei Personen)

Zutaten:

400 bis 500 g Tintenfisch (Ringe oder in Stücke geschnittene Röhren)
1/2 Tasse Salzwasser
1/2 Tasse Olivenöl
1/2 Tasse Weinbrand

Zubereitung:

Alle Zutaten in einer Eisenpfanne auf dem Herd zum Kochen bringen und so lange köcheln lassen, bis der Tintenfisch nur noch im verbliebenen Öl brutzelt, weil Schnaps und Wasser verdunstet sind – nicht ohne ihr Aroma zurückzulassen. Das dauert etwa 20 Minuten. Dazu reicht man Weißbrot. Am geselligsten ist es, wenn die Pfanne auf den Tisch kommt und am Schluß, wenn die Stücke verspeist sind, jeder mit Brot die köstlichen Saucenreste vom Pfannenboden wischt. Dieses ebenso einfache wie schmackhafte Gericht ist sehr, sehr mächtig. Ein Flasche Schnaps in Reichweite kann also nicht schaden.

13.) Kraut und Rüben haben mich vertrieben ...: Moderne Gemüseküche

Der oben zitierte Spruch (»... hätt' meine Mutter Fleisch gekocht, wär' ich bei ihr geblieben!«) mag früher durchaus seine Richtigkeit gehabt haben. Die meisten Hausfrauen kochten das Gemüse als dicke Mehlpampe, die sie dann Karottengemüse, Kohlrabigemüse oder Irgendwasgemüse nannten. So manches Kind hat dadurch einen Schaden fürs Leben erlitten. Dazu kam noch der Zwang, Spinat zu essen, weil er ja sooo gesund sei. Dabei hatten sich die Altvorderen bei der Ermittlung des Eisengehalts bloß um eine Kommastelle verrechnet. Inzwischen hat sich sowohl in der Wissenschaft als auch in den heimischen Küchen vieles zum Besseren verändert.

Man muß kein Vegetarier sein, um an frischem Gemüse Geschmack zu finden. Die Betonung liegt auf frisch. Es ist nicht so, daß Tiefkühlware von schlechter Qualität ist, im Gegenteil. Die großen Firmen kontrollieren peinlich genau, welche Sorten angebaut werden, daß zum richtigen Zeitpunkt geerntet wird und daß die Ware so schnell wie möglich verarbeitet wird. Aber im Grunde schmecken die Gemüse, die aus der Kälte kommen, doch alle mehr oder weniger gleich, auch wenn die appetitlichen Abbildungen Vielfalt verheißen. Ausnahmen bilden Erbsen und Spinat; bei diesen beiden Arten lohnt es sich – gerade in einem Kleinhaushalt – nicht, sie mühsam eigenhändig zu verarbeiten. Beim Tiefkühlspinat ist leider in den letzten Jahren die Unsitte eingerissen, ihn zum »Rahmspinat« aufzupeppen. Dieser Rahm schwappt dann als weißliche Sauce auf dem Teller herum, was nicht jedem gefällt, und außerdem läuft auch dies darauf hinaus, daß eben alles gleich schmeckt.

Gemüse sollte eigentlich jeden Tag auf den Tisch kommen. Es enthält – je nach Sorte – Vitamin C, Provitamin A und Vitamine der B-Gruppe. An Spurenelementen und Mineralstoffen kommen vor: Calcium, Eisen, Kalium, Kupfer, Mangan, Natrium, Phosphor. Angeblich wirkt Gemüse auch gegen die sogenannten freien Radikale. Mag sein. Sicher ist, daß es genug Ballaststoffe enthält, um Magen und Darm vor Trägheit zu bewahren.

Einkaufstips:

In jedem Supermarkt gibt es Gemüsetheken, in der Regel mit einigermaßen ordentlicher Auswahl. Wichtig ist es, möglichst das Gemüse zu kaufen, das in der jeweiligen Jahreszeit hierzulande – oder wenigstens im näheren Ausland – wächst. Es ist doch Unsinn, Spargel aus Argentinien, Zwiebeln aus Neuseeland oder Kürbis aus Südafrika einfliegen zu lassen.

Spargel schmeckt nun mal am besten, wenn er morgens gestochen wurde und am Abend auf dem Teller liegt. Freilandgemüse ist jedem Treibhausgemüse vorzuziehen, auch wenn letzteres noch so attraktiv aussieht. Alles Show! Nur Pflanzen, die im Freien stehen, bekommen die nötige Sonne, was erstens den Geschmack positiv beeinflusst, und zweitens für den Abbau von Nitrat sorgt, das in vielen Gemüsesorten vorkommt. Verbraucherverbände warnen deshalb unermüdlich jeden Winter vor hohen Nitratwerten in Blattsalaten und diversen Gemüsearten aus Treibhäusern, meist ohne viel Erfolg, weil viele Leute es anscheinend besonders toll finden, wenn der Salat besonders »zart« – sprich lasch – ist und die Zucchini keine so harte Schale haben, dafür aber nach noch weniger als ohnehin schon schmecken.

Mehr Spaß als im Supermarkt macht der Einkauf auf einem Wochenmarkt oder in speziellen Obst- und Gemüseläden. Vor allem Geschäfte, die von türkischen oder griechischen Besitzern geführt werden, bieten eine Fülle frischer Ware, die man in diesen Läden meist auch selbst aussuchen und beschnuppern kann. Es ist zu hoffen, daß in *dieser* Beziehung *keine* Assimilation stattfinden wird ...

Frühling: Spargel, Kräuter und junge Kartoffeln

Grüner Spargel

Zutaten:

500 g grüner Spargel
Salz
etwa 2 l Wasser
Butter oder Olivenöl
Parmesan oder Pecorino

Zubereitung:

Grüner Spargel hat den Vorteil, daß er nicht geschält werden muß. (Beim Einkauf darauf achten, daß Spargel nicht welk aussieht und die Stangenenden nicht vertrocknet wirken.) Jede Stange in die Hand nehmen und vom Spargelende her durch sanftes Biegen feststellen, wo die »Sollbruchstelle« ist, also wo der Spargel gut zu brechen ist. An dieser Stelle die Stange abbrechen. Die kurzen Enden (die ohne den zarten Kopf) wegwerfen. Wasser mit einem Eßlöffel Salz zum Kochen bringen und den Spargel Kopf an Kopf etwa 10 bis 15 Minuten darin kochen. Durch Probieren herausgefischter Stangen feststellen, wann er gar ist; nicht jeder mag den Spargel gleich fest, und nicht jeder Spargel hat die gleiche Kochzeit. Während des Kochens in einer kleinen Stielkasserolle etwas Butter schmelzen oder – wer das besser findet – Olivenöl erwärmen. Butter oder Öl etwas salzen. Fertigen Spargel vorsichtig aus dem Topf heben, auf einem angewärmten Teller servieren, mit Butter oder Öl begießen und frischen Käse darüber hobeln. Der grüne Spargel verträgt sich – im Gegensatz zu seinem milderen weißen Kollegen –

ausgezeichnet mit dem Geschmack des kräftigen Käses. Dazu passen zarte junge Pellkartoffeln, die dann ebenfalls mit der Butter oder dem Öl übergossen werden.

Wenn vom Spargel etwas übrigbleiben sollte, gibt es für den nächsten Tag einen wohlschmeckenden Salat: Rest der Stangen in eine kleine flache Schüssel oder einen tiefen Teller legen, mit Balsamico-Essig und etwas Olivenöl beträufeln und mit Salz und Pfeffer abschmecken. Gut zugedeckt im Kühlschrank durchziehen lassen.

Junge Kartoffeln mit Quark

Zutaten:

Junge Kartoffeln (Menge nach Hunger)

250 g Quark (20 % oder 40 % Fettanteil)

1 Bündel gemischter Kräuter (oder Schnittlauch, Petersilie und Dill)

1 Prise Salz

Zubereitung:

Die Frühkartoffeln sauber schrubben, am besten mit einem Spülschwamm oder einer Handbürste. In einen Topf mit Wasser geben und kochen. Das dauert etwa 20 Minuten, je nach Sorte und Größe. Zum Ende der Kochzeit hin mit einer Gabel anstechen und prüfen, ob die Kartoffeln weich genug sind. In der Zwischenzeit das Kräuterbündel fein schneiden und den Quark mit den Kräutern verrühren, salzen. Bei Magerquark oder zwanzigprozentigem Quark etwas kohlensäurehaltiges Mineralwasser unterrühren; das macht die Masse schön cremig. Die Kartoffeln mit der Schale anrichten; sie ist normalerweise so zart, daß sie mitgegessen werden kann. Wenn es keine fertigen Kräuterbündel geben sollte, kann man auf Schnittlauch, Petersilie, Dill etc. ausweichen.

Auch vollreifer Romadur, Limburger Käse oder ganz einfach Butter schmecken hervorragend zu jungen Kartoffeln.

Sommer: Buntes Gemüse überall

Sommerliche Gemüsepfanne

Zutaten:

1 kleiner Zucchino

1 Karotte

1 kleine grüne Paprikaschote

1 kleine rote Paprikaschote

1 Frühlingszwiebel

2 Eßlöffel Olivenöl

Salz, Pfeffer

Zubereitung:

Alle Gemüsesorten nach dem Putzen in Streifen schneiden (etwa 5 mm breit und 3 cm lang). Aber das braucht nicht so eng gesehen zu werden: Wer Scheiben oder Quadrate besser findet – nur zu! Das Öl in einer Pfanne oder einem Wok erhitzen. Zuerst die Karotten in die Pfanne geben und sieben bis acht Minuten leicht brutzeln lassen, dann die Paprikaschoten dazugeben und vier bis fünf Minuten mitschmurgeln lassen. Zum Schluß die Zucchinistücke und die Frühlingszwiebel hinzufügen. Alles zusammen noch einmal – nun bei etwas größerer Hitze – kurz braten, salzen und pfeffern, fertig. Dazu paßt hervorragend ein gutes Weißbrot, mit dem man zum Schluß die Pfanne auswischen kann, oder Reis.

Selbstverständlich kann auch anderes Sommergemüse verwendet werden. Erlaubt ist, was gefällt und schmeckt.

Zuckerschoten mit Schweinemedaillons

Zutaten:

200 g Zuckerschoten

2 Schweinemedaillons

Butter

1 Prise Zucker

Salz, Pfeffer

Zubereitung:

Zuckerschoten sind eines der feinsten Gemüse, die es bei uns gibt. Sie sind nicht immer und überall zu haben. Die Schoten waschen, eventuell vorhandene Stiele entfernen. Etwas Butter in einer kleinen Pfanne zerfließen lassen, eine Prise Zucker darin schmelzen, bis sie bräunlich ist, dann die Schoten dazugeben, salzen und etwa fünf bis sieben Minuten lang dünsten. Während die Schoten brutzeln, in einer anderen Pfanne Butter oder auch Öl stark erhitzen und die gewaschenen und sorgfältig trockengetupften Schweinemedaillons rasch darin braten. Sie sollen außen kräftig braun – aber nicht verkohlt – sein und innen noch rosig bleiben. Das dauert – je nach Dicke – auf jeder Seite etwa drei bis vier Minuten. Erst wenn sie fertig sind, salzen und pfeffern. Die Zuckerschoten und die Medaillons auf einem angewärmten Teller anrichten.

Herbst: Ernte- und Pilzzeit

Steinpilze mit Tagliatelle

Zutaten:

Etwa 250 g Steinpilze (gekaufte oder selbst gesammelte)
100 ml süße Sahne
1 Eßlöffel Butter
100 g Tagliatelle (Bandnudeln)
Wasser
Salz
Pfeffer
etwas Petersilie (wenn vorhanden)

Zubereitung:

Steinpilze nicht waschen (das bringt sie um den Geschmack!), sondern nur eventuelle Schadstellen, Schneckenlöcher, Baumnadeln oder Waldbodenreste vorsichtig mit einem kleinen Messer entfernen. Hut und Stiele in Scheiben schneiden und dabei wurmige Stellen wegschneiden.

Wasser für die Nudeln mit Salz zum Kochen bringen. Wenn es kocht, die Tagliatelle im sprudelnden Wasser kochen, bis sie weich genug sind (Garzustand durch Probieren prüfen). Während die Nudeln kochen, Butter in der Pfanne erhitzen, die Steinpilze darin etwa vier bis fünf Minuten lang dünsten. Daß die Pilze Wasser abgeben, ist normal; möglichst viel davon verdunsten lassen, das heißt, mit ziemlich starker Hitze arbeiten und keinen Deckel auf die Pfanne tun. Die Sahne zu den Pilzen gießen, nur noch kurz aufkochen und mit Pfeffer und Salz abschmecken. Die fertigen Nudeln abgießen, in einem tiefen Teller anrichten und die Pilze darübergeben. Wenn gerade vorhanden, mit etwas gehackter Petersilie bestreuen.

Selbstverständlich schmecken die Tagliatelle ebensogut auch mit frischen Pfifferlingen, Maronen oder anderen Röhrenpilzen.

Grüne Bohnen mit Lammkoteletts

Zutaten:

200 g Grüne Bohnen

2 Tomaten

1 Prise Chilipulver oder Rosenpaprika

1/2 kleine Zwiebel

Olivenöl

2–4 Lammkoteletts (nach Hunger)

Salz, Pfeffer

Zubereitung:

Die Bohnen waschen und die Stiele und Enden mit einem Messer abschneiden. Ca. 10 Minuten in Salzwasser kochen; sie müssen noch etwas Biß haben, wenn sie abgegossen werden, also ab und zu eine probieren. Die Zwiebel in feine Würfel schneiden. Die Tomaten häuten; das geht ganz einfach, wenn sie zuvor kurz in kochendes Wasser getaucht werden (zum Beispiel in das Bohnenwasser). Dann in kleine Würfel schneiden. In einem kleinen Topf einen Eßlöffel Öl erhitzen, die fein geschnittene Zwiebel darin anbraten, die Tomatenwürfel dazugeben, kurz aufkochen, salzen und mit Chilipulver oder Rosenpaprika würzen – vorsichtig, damit die Sauce nicht zu scharf wird. Die gekochten Bohnen mit der Tomatensauce vermischen.

Die Lammkoteletts waschen, gut mit Küchenpapier trockentupfen. In einer Pfanne einen Eßlöffel Olivenöl kräftig erhitzen und die Lammkoteletts hineinlegen. Nach etwa drei bis vier Minuten mit dem Rücken einer Gabel leicht auf das Fleisch drücken. Wenn dabei ein paar Tropfen Fleischsaft an der Oberfläche austreten, umdrehen und auf der anderen Seite noch eine knappe Minute braten. Erst dann salzen und pfeffern. So bleiben sie innen schön rosig. Auf einem angewärmten Teller mit den Bohnen anrichten.

Winter: Kraut und Rüben

In Österreich kennt man ganz besonders schmackhafte Rezepte für winterliches Gemüse, wie zum Beispiel für Weißkraut:

Krautfleckerl

Zutaten:

80 bis 100 g Fleckerl, das heißt Nudeln in Schmetterlingsform (Farfalle) oder sehr breite Nudeln, in Stücke gebrochen

1/2 kleiner Kopf Weißkraut (auch Weißkohl genannt; der Rest kann später zu Krautsalat verarbeitet werden)

1/2 fein geschnittene Zwiebel

1 Prise gemahlener Kümmel

1/2 Teelöffel Zucker

1 Spritzer Essig

1 Eßlöffel Öl oder Butterschmalz (eigentlich Schweineschmalz, aber es deshalb zu kaufen, lohnt sich nicht)

Salz, Pfeffer

Zubereitung:

Den Krautkopf halbieren. Den Strunk aus der Hälfte, die zubereitet werden soll, entfernen, dann das Kraut in nicht zu feine Streifen schneiden; dabei die gröberen Rippen wegschneiden. Die Nudeln wie üblich kochen, das Wasser abgießen und die Nudeln zur Seite stellen. Schmalz oder Öl in einer Pfanne erhitzen, den Zucker einstreuen und leicht karamelisieren lassen; das heißt, er muß zerlaufen und hellbraun werden. Dann die geschnittene Zwiebel dazugeben und goldbraun anbraten. Zum Schluß das Kraut dazugeben und ca. 20 Minuten lang schön braun braten. Umrühren nicht vergessen! Danach die Fleckerl sorgfältig darunter heben, mit Salz, Essig, Kümmel und Pfeffer abschmecken. In der Pfanne 10 Minuten durchziehen lassen; das heißt, das Gericht darf nicht mehr kochen, sondern wird nur noch heiß gehalten. Dazu trinken Sie am besten ein frisches Bier.

Krautsalat

Zutaten:

1 kleinen Weißkohl (Weißkraut)
ca. 50 g magerer Bauchspeck
Öl
Essig
Salz, Pfeffer
etwas gemahlener Kümmel

Zubereitung:

Den Strunk und die groben Rippen des Weißkrauts entfernen. Den Kohl in möglichst feine Scheiben schneiden; dazu hält man den Kohlkopf schräg und schneidet mit einem großen, scharfen Messer Schicht für Schicht ab; er zerfällt dann in Streifen. Den Bauchspeck in feine Würfel oder Streifen schneiden. Etwas Öl in der Pfanne erhitzen, den Speck leicht anbraten, dann das Kraut dazugeben und bei geringer Hitze andünsten, bis es den gewünschten Zustand erreicht hat. Wer das Kraut am liebsten fast roh mag, sollte es nur kurz glasig werden lassen; wer gekochtes Kraut liebt, sollte es selbstverständlich länger dünsten. Dann das Weißkraut mit dem Speck in eine Schüssel umfüllen und mit einer Salatsauce aus Essig, wenig Öl, gemahlenem Kümmel, Salz und Pfeffer anmachen. Vorsichtig mit dem Würzen beginnen; es kann jederzeit nachgeholfen werden. Krautsalat paßt besonders gut zu gebratenem Schweinefleisch oder zu Bratwürsten.

Brokkoli mit geschnetzeltem Rind- oder Schweinefleisch

Zutaten:

Etwa 200-300 g Brokkoli

circa 200 g Rindfleisch (von der Lende oder Hüfte) oder Schweinefleisch (Filet oder Schnitzelfleisch) zum Schnellbraten

Öl

Salz, Pfeffer

Zubereitung:

Das Fleisch in ca. 5 cm lange und 1 cm breite Streifen schneiden. Den Brokkoli schälen, das heißt, die harte Außenhaut der Stiele so gut wie möglich entfernen, den Brokkoli waschen, abtrocknen und in mundgerechte Stücke zerteilen. In einer Pfanne oder einem Wok Öl erhitzen und die Brokkolistücke etwa 10 bis 15 Minuten lang dünsten, bis sie fast weich sind. Sie müssen noch etwas Biß haben. Dann salzen und auf einem angewärmten Teller zur Seite stellen. Noch etwas Öl in die Pfanne geben und das gewaschene und gut abgetupfte Fleisch rasch darin braten. Das dauert höchstens 4 Minuten. Salzen und pfeffern. Den Brokkoli darunter mischen und anrichten. Wer großen Hunger hat, kann Reis dazu servieren.

14.) Die Guten ins Töpfchen, die Schlechten ins Kröpfchen: Deftige Eintopfküche

Eintöpfe haben bei manchen Leuten immer noch einen Ruch von Notmahlzeit, Kriegskost und Armeleute-Essen – schon deshalb, weil in vergangenen Zeiten oft »die Schlechten ins Töpfchen« kamen. Denn früher war der Eintopf eine praktische und vor allen Dingen preiswerte Möglichkeit, in großen Familien etwas Warmes auf den Tisch und in den Henkelmann zu kriegen. Es wurden riesige Kessel davon zubereitet, die für mehrere Wochentage reichen mußten. Das Gemisch wurde so lange aufgewärmt, bis auch wirklich das letzte Vitamin ausgetrieben und der letzte Löffel voll aufgegessen war. Die Zutaten bestanden meist aus dem, was ein kleiner Garten hergab und was eventuell beim Fleischer billig zu kriegen war.

Heutzutage hat der Eintopf Konjunktur. Er gilt – gerade bei Städtern und in wohlhabenderen Kreisen – als Inbegriff der rustikalen, ehrlichen Hausmannskost. Eintopfgerichte werden nicht mehr in großen Mengen zubereitet, sondern lieber klein und fein. Das gilt auch die gebackene Variante, das Gratin. Für zwei Tage aber darf ein Eintopf ruhig reichen. Das Aufwärmen schadet ihm normalerweise nicht, und nach zwei Tagen – so lange hält er sich sicherlich im Kühlschrank – schmeckt er überhaupt erst so richtig, weil er dann »durchgezogen« ist, weil also alle Zutaten ihre Geschmacksnoten vollständig an das Gericht abgegeben haben.

Dicke Kartoffelsuppe

Zutaten:

2–3 mittelgroße Kartoffeln (mehlig)

1 Karotte

1 kleine Stange Lauch oder 1 Frühlingszwiebel

100 g durchwachsener Bauchspeck

etwas Öl

1 Brühwürfel

Salz, Pfeffer

Majoran

Wasser

4–6 Wiener oder Frankfurter Würstchen

Zubereitung:

Kartoffeln und Karotte schälen und in kleine Würfel schneiden. Den Lauch der Länge nach einmal durchschneiden, gründlich waschen, damit kein Sand zwischen den Blättern bleibt, und quer in dünne Ringe schneiden. Die Hälfte des Specks in mundgerechte Stücke von 3x5 cm schneiden, den Rest in kleine Würfel. Die Bauchspeckstücke in wenig Öl in einem Topf mittlerer Größe oder einem Dampftopf leicht anbraten, Kartoffel- und Karottenwürfel dazugeben und Wasser dazugießen, bis die Flüssigkeit etwa zwei Zentimeter über dem Gemüse steht. Brühwürfel und einen halben Teelöffel Majoran hinzufügen und alles zugedeckt zum Kochen bringen. Falls die Suppe im Dampftopf zubereitet wird, den Deckel schließen. Sobald das Druckventil zu zischen anfängt, von der Flamme nehmen und erst öffnen, wenn er nicht mehr unter Druck steht. Dann die Lauchstreifen hinzufügen und noch einmal kurz kochen. Im normalen Topf die Suppe so lange kochen lassen, bis Kartoffeln und Karotten fast gar sind, dann die Lauchstreifen in die Suppe geben und kurz mitkochen, bis alles den richtigen Garpunkt erreicht hat. Ehe der Lauch in die Suppe kommt, kann – je nach Geschmack – die Suppe mit Wasser noch etwas verdünnt werden; eventuell noch einen zweiten Brühwürfel verwenden. Mit Salz und Pfeffer abschmecken. Die Wiener Würstchen in Stücke schneiden und in der Suppe, die nun nicht mehr kochen darf, ziehen lassen. In einem Pfännchen die Speckwürfel kroß ausbraten und vor dem Servieren – mitsamt dem ausgetretenen Schmalz – über die Suppe geben. Wer diesen Eintopf etwas cremiger schätzt, sollte im Teller einen Teil der Kartoffeln und Karotten mit einer Gabel zerdrücken. Und wer lieber eine pürierte Kartoffelsuppe mag, kann zum Stabmixer greifen – aber bitte, bevor die Würstchen in die Suppe kommen.

Kartoffelgratin

Zutaten:

etwa 300 bis 400 g vorwiegend festkochende Kartoffeln (zum Beispiel Desirée)
3 Teelöffel Butter
1 Becher Sahne
Salz, Pfeffer
geriebene Muskatnuß

Zubereitung:

Eine feuerfeste Form mit etwa einem Teelöffel Butter einfetten. Die rohen Kartoffeln schälen und in hauchdünne Scheiben schneiden; das geht eventuell auch mit einem Gemüsehobel. Die Kartoffelscheiben mit Salz, Pfeffer und Muskatnuß vermischen und gleichmäßig in der Backform verteilen. Die Sahne darübergießen und die restliche Butter in Flöckchen darauf verteilen. Im Backofen bei mittlerer Hitze, das heißt bei circa 160 bis 170 Grad, eine Stunde lang backen. Droht das Kartoffelgratin zu dunkel zu werden, die Oberfläche mit Alufolie abdecken. Probieren, ob die Kartoffeln durch sind.

Am besten mit Salat servieren. Es paßt aber auch sehr gut zu Lammkoteletts oder Frikadellen, allerdings sollte dann die Menge etwas reduziert werden. Falls etwas übrig bleibt, kann es am nächsten Tag, in Stücke geschnitten, mit Butter in der Pfanne angebraten werden.

Linseneintopf

Zutaten:

2 Tassen Linsen

1 Karotte

1 größere (oder zwei kleinere) Kartoffel(n), mehlig

1 kleine Stange Lauch *oder* 1 Frühlingszwiebel

50 g in Scheiben geschnittener Bauchspeck oder, wenn vorhanden, Speckschwarte

3/4 l Wasser und 1 Brühwürfel *oder* 3/4 l Brühe

Salz, Pfeffer

Essig

3-5 Wiener oder Frankfurter Würstchen

Zubereitung:

Linsensuppe aus den üblichen »deutschen« Linsen bereitet man am besten im Dampftopf zu. Soll sie in einem normalen Topf gekocht werden, ist es gut, die Linsen vorher ein paar Stunden oder über Nacht in Wasser einzuweichen; das verkürzt die Kochzeit. (Linsen aus der Dose eignen sich nicht zum Eintopf, weil sie schnell matschig werden.) Den Topf mit Speckscheiben oder Speckschwarte auslegen und die Linsen daraufgeben. Dann Wasser und Brühwürfel oder mit Fleischbrühe bis circa zwei Zentimeter über den Linsen angießen und diese fast weich kochen. Das dauert im Dampftopf etwa 10 bis 15 Minuten, im Normal-Topf etwa eine Stunde. In der Zwischenzeit Kartoffeln und Karotte schälen und in kleine Würfel schneiden, Lauch gut reinigen und in Streifen schneiden. Wenn die Linsen beinahe weich sind, das Gemüse in den Topf geben und alles weiterkochen, bis es gar ist, also ca. 15-20 Minuten. Mit Essig, Salz und Pfeffer abschmecken. Die Würstchen in Stücke schneiden und in der heißen Suppe ohne Kochen ziehen lassen.

Besonders praktisch, wenn auch etwas teurer, ist es, die dunkelgrünen, seltenen Le-Puy-Linsen aus Frankreich zu verwenden. Sie haben die gleiche Kochzeit wie Karotten und Kartoffeln, so daß alles zusammen aufgesetzt werden kann und alles gleichzeitig gar ist.

Ofetori

Zutaten:

etwa 400 g mehlige Kartoffeln

1/2 Tasse süße Sahne

2 Teelöffel Butter

80 bis 100 g geräucherter Bauchspeck

2 Eßlöffel Reibekäse

Salz, Pfeffer

Geriebene Muskatnuß

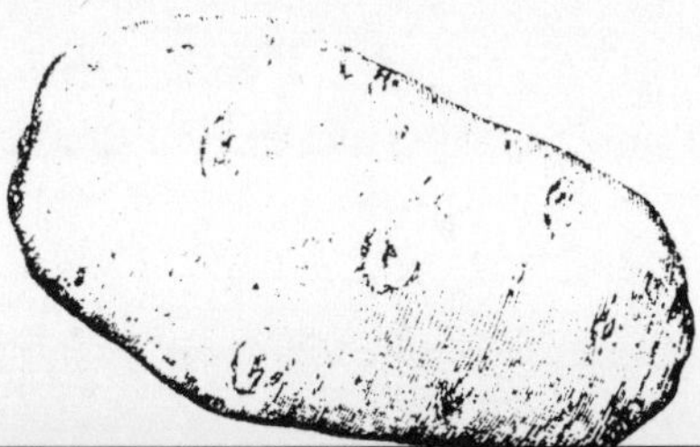

Zubereitung:

Die Kartoffeln waschen und kochen. Wenn sie gar sind, entweder durch eine Kartoffelpresse drücken oder mit einem Kartoffelstampfer zu Brei verarbeiten. Die zerdrückte Kartoffeln mit Sahne, 1 Teelöffel Butter, Salz, Pfeffer und etwas geriebener Muskatnuß vermischen. Mit dem Rest der Butter eine feuerfeste Form ausfetten und die Kartoffelmasse einfüllen. Den Bauchspeck in gleichmäßige Streifen schneiden und darüber verteilen. Den Reibekäse darüber streuen und bei etwa 180 Grad im Bratrohr überbacken.
Salat paßt vorzüglich zu dieser einfachen, ländlichen Mahlzeit.

Aus eventuellen Resten können flache Küchlein geformt und mit Butter in der Pfanne gebacken werden.

Irish Stew

Dieser irische Eintopf wird hierzulande meist mit Wirsing, Karotten und Kartoffeln zubereitet. In seiner Heimat gehören nur Hammelfleisch, Zwiebeln und Kartoffeln dazu.

Zutaten:

400 g Lamm- oder Hammelfleisch (Ragoutstücke)

1 Karotte

1 kleiner Kopf Wirsing oder Weißkraut/-kohl

2 Zwiebeln

2 mittelgroße, mehlige Kartoffeln

Salz, Pfeffer

Petersilie

Zubereitung:

Das Fleisch in mundgerechte Stücke, die Zwiebeln in Scheiben schneiden. In einem mittelgroßen Topf das Fleisch leicht anbraten und auf dem Topfboden gleichmäßig verteilen, leicht salzen und großzügig pfeffern. Darüber kommen die Zwiebelscheiben, ebenfalls gleichmäßig verteilt, dazu ein Lorbeerblatt und etwas getrockneter Thymian. Mit Wasser angießen, bis Fleisch und Zwiebeln gerade bedeckt sind. Etwa eine halbe Stunde leise köcheln lassen. In der Zwischenzeit Karotte und Kartoffeln schälen und ebenfalls in Scheiben schneiden. Nach der halben Stunde Kochzeit die Karotte und die Kartoffeln als nächste Schicht auf die Zwiebeln legen; nicht umrühren. 20 Minuten lang weiterkochen lassen. Weißkraut oder Wirsing in Streifen schneiden und als letzte Schicht einfüllen, noch einmal leicht salzen und pfeffern und weitere 10 Minuten kochen lassen. Zum Ende der Garzeit sollte die Flüssigkeit von den Kartoffeln und dem Gemüse beinahe ganz aufgesogen worden sein. Den Stew in eine Schüssel geben (erst beim Umfüllen vermischen sich Fleisch und Gemüse) und großzügig mit gehackter Petersilie bestreuen.

Gratinierter Blumenkohl

Zutaten:

1 kleiner Blumenkohl

2-3 Teelöffel Butter

50 g roher Schinken in Scheiben

1 Becher Sahne

50 g Reibekäse

evtl. 2 Frühlingszwiebeln

Salz, Pfeffer

geriebene Muskatnußnuß

1 Eßlöffel Semmelbrösel

Zubereitung:

Den Blumenkohl waschen und in Röschen zerteilen, den groben Strunk entfernen und wegwerfen. Röschen etwa fünf bis sechs Minuten in Salzwasser sprudelnd kochen lassen. Der Blumenkohl soll noch fest sein, aber nicht mehr roh. Schinken in Streifen schneiden. Man kann auch gekochten Schinken verwenden, aber der rohe Schinken gibt einen kräftigeren Geschmack. Eine feuerfeste Form mit Butter einfetten, die Blumenkohlröschen gleichmäßig darin verteilen und Schinkenstreifen und geriebenen Käse darüber streuen. Die Sahne mit Salz, Pfeffer und geriebener Muskatnuß verrühren und darübergießen. Von den Frühlingszwiebeln die dunkelgrünen Teile entfernen, den Rest gut waschen, trokkentupfen und in dünne Streifen schneiden. Zwiebelstreifen und Semmelbrösel gleichmäßig über den Blumenkohl geben und als letztes Butterflöckchen darauf verteilen. Ca. 20 Minuten bei etwa 180 Grad im Ofen überbacken.

Die Frühlingszwiebeln sind nicht unbedingt nötig, sie geben diesem Gratin aber eine besondere Note.

Zweite Zwischenbilanz

Ein großes Lob dem Kocheleven, der bis hierher durchgehalten hat. Die meisten werden sicherlich nicht sklavisch jeden einzelnen Schritt nachgegangen sein. Aber wer das eine oder andere Gericht ohne große Katastrophen zustande brachte, wird gemerkt haben, daß das Eis, auf das er sich da mutig begeben hat, ganz gut trägt. Nach und nach wird es leichter, die Mengen je nach Situation richtig einzuschätzen; schließlich hat man nicht immer gleich viel Hunger. Auch die Dosierung von Gewürzen und Scharfmachern wird immer einfacher. Vor allen Dingen beim Salzen wird wohl ein jeder mitbekommen haben, daß eine »Prise« keine exakte Menge bezeichnet, sondern, je nach Gusto, persönliche Freiheit läßt. Wie ein Nichtschwimmer nach und nach zum Schwimmer wird, so wird auch der Neu-Koch sich langsam freischwimmen, wird merken, daß er nicht gleich untergeht, wenn er sich einmal nicht an sein Brett – sprich Rezept – klammert.

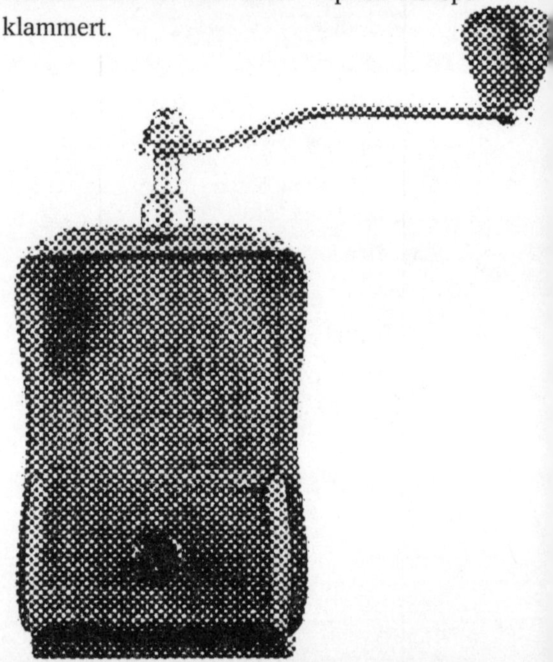

15.) Brotsuppe und Tiroler Gröstl: Reste de luxe

So wichtig es zum Beispiel in einer Autowerkstatt ist, daß nach der Reparatur eines Wagens keine Schräubchen übrigbleiben, so willkommen können in der Küche Reste sein (jedenfalls wenn es sich nicht gerade um Schrauben handelt). Der freiere Umgang mit der Küchenmaterie bringt es mit sich, daß hin und wieder etwas übrigbleibt von den Zutaten oder auch von fertigen Gerichten. Gerade die Älteren, die beispielsweise jetzt im Ruhestand sind und für Ehefrau, Lebensgefährtin oder -gefährten kochen, haben oft die Erfahrungen ihrer Kindheit nicht vergessen, als nichts, aber auch gar nichts, was noch eßbar war, weggeworfen wurde. Sie bringen es nicht über sich, selbst wenn sie es sich jederzeit leisten könnten, auch nur ein trockenes Stück Brot in den Abfall zu werfen. Deshalb, und weil man mit Resten wirklich köstliche Gerichte herstellen kann, folgen hier einige Vorschläge zur Resteverwertung.

Omelett oder Pfannkuchen

Fast alles, was in der Küche übrig bleibt, ob Gemüse, Pilze, Käse, Quark, Schinken, Hakkfleisch oder Obst, kann in ein Omelett gewickelt werden. Und wenn ein Omelett übrig bleibt, wird es in Streifen geschnitten und als Einlage für die Pfannkuchensuppe verwendet.

Zutaten:

Pro Pfannkuchen

1 Ei

1 gehäufter Eßlöffel Mehl

2 Eßlöffel Milch (wenn gerade keine Packung geöffnet ist, geht auch Wasser oder besser Mineralwasser)

Salz

Butter oder Öl zum Ausbacken

Zubereitung:

Das Mehl mit wenig Milch und einer Prise Salz verrühren, die Eier mit dem Schneebesen kräftig unterrühren, damit keine Klümpchen entstehen, weitere Milch dazugießen, bis der Teig dickflüssig ist. Etwa eine halbe Stunde ruhen lassen. Wenn der Teig dann zu dick geworden sein sollte, noch etwas Milch oder Wasser unterrühren. In der Pfanne wenig Butter oder Öl erhitzen und ein wenig Pfannkuchenteig in die Mitte der Pfanne gießen, dann die Pfanne schwenken, damit der Teig bis zum Rand läuft und der gesamte Boden der Pfanne dünn bedeckt ist. Spätestens nach dem dritten Omelett hat man den Dreh raus, wieviel Teig für einen Pfannkuchen nötig ist. Wenn die eine Seite goldgelb gebacken ist, den Pfannkuchen mit einem Wender vorsichtig umdrehen. Könner pflegen die Omeletts zum Wenden in die Höhe zu werfen, wo sie sich in der Luft umdrehen – die Pfannkuchen, nicht die Könner – und mit der richtigen Seite wieder in der Pfanne landen. Diese Luftnummer kann ziemlich schief gehen, wird aber mit etwas Übung, das heißt mit einigen Abstürzen, vielleicht doch gelingen. Nach dem Umdrehen auf der anderen Seite ebenfalls goldgelb ausbacken. Während dies geschieht, wird die Oberseite mit der gewünschten Füllung belegt, und wenn die Unterseite fertig ist, wird das Omelett einfach auf die Hälfte zusammengeklappt. Besteht die Füllung aus Gemüse, Hakkfleisch oder ähnlichem, muß sie selbstverständlich vorher erhitzt werden. Käse- oder Schinkenscheiben, Quark oder Marmelade können ohne Vorbehandlung aufgelegt werden. Wenn mehrere Omeletts fabriziert werden sollen, die frisch gebackenen auf einer hitzefesten Platte oder einem Teller im etwa 80 Grad heißen Ofen warm halten. Für den zweiten Pfannkuchen wieder etwas Öl oder Butter in die Pfanne geben und die Prozedur so lange wiederholen, bis der Teig aufgebraucht ist.

Einige Beispiele für Omeletts:

Spinatomelett
Käseomelett
Omelett mit Kräuterquark
Omelett mit gekochtem Schinken
Omelett mit gebratenem Hackfleisch
Spargelomelett
Pilz- oder Champignonomelett
Omelett mit Marmelade
Omelett mit Nutella

Bei Apfel-, Kartoffel- oder Speckomelett müssen zuerst Apfel-, Kartoffel- beziehungsweise Spekkscheiben in der Pfanne gebraten werden, dann kommt der Teig darüber. Das Wenden dieser Art von Pfannkuchen ist etwas schwieriger als bei den anderen, weil die guten Stücke leicht auseinanderbrechen. Beim Apfelpfannkuchen ist das nicht weiter schlimm, man zerreißt ihn mit zwei Gabeln in mundgerechte Stücke, brät diese goldgelb fertig und nennt das Ganze Apfelschmarren. Kartoffel- und Speckomeletts wendet man mit Hilfe eines Tellers: Teller auf den Pfannkuchen in der Pfanne legen, umdrehen, so daß die Pfanne oben zu liegen kommt und das Omelett auf dem Teller, Pfanne wieder auf die Herdplatte stellen und das Omelett mit der noch zu bratenden Seite nach unten vorsichtig in die Pfanne zurückgleiten lassen.

Überbackene Schinkennudeln

Zutaten:

Ca. 1 Suppenteller Nudeln
etwa 50 bis 100 g gekochter Schinken
1 kleine Zwiebel
1 Ei
1 Becher süße oder saure Sahne
2 Eßlöffel geriebener Käse
Salz, Pfeffer
Petersilie
Butter

Zubereitung:

Die Zwiebel in kleine Würfel schneiden und in etwas Butter goldgelb anbraten. Den gekochten Schinken in feine Streifen schneiden und ebenfalls mit anbraten. Die Petersilie fein hacken. Das Ei, den Rahm sowie Salz und Pfeffer mit einer Gabel gründlich verrühren. Petersilie und Nudeln darunter mischen. Die Masse in eine passende, gebutterte Auflaufform einfüllen, mit Käse überstreuen und bei mittlerer Hitze (ca. 180 Grad) etwa eine halbe Stunde im Ofen backen.

Tomaten-Nudelauflauf

Zutaten:

Nudelrest (siehe oben)
1 kleine Dose geschälte Tomaten
1 kleine Packung Mozarella
Salz, Pfeffer
Butter
1 Teelöffel gemahlene Provence-Kräuter *oder* etwas getrockneter Thymian

Zubereitung:

Mozarella abtropfen lassen und in dünne Scheiben schneiden. Eine Auflaufform ausbuttern. Nudeln und die in grobe Stücke zerteilten Tomaten mischen, salzen, pfeffern, mit den Kräutern würzen und in die Auflaufform füllen. Mit den Mozarella-Scheiben bedecken und im Backofen bei ca. 180 Grad etwa eine halbe Stunde überbacken.

Die ganz andere Brotsuppe

Zutaten:

Brotreste

Olivenöl

Zwiebel

Tomaten

Gemüsereste (zum Beispiel: etwas Fenchel, Lauch, Weißkraut, Karotte)

Fleischbrühe *oder* Wasser und Brühwürfel

etwas Weißwein

gehackte Peperoncini oder Chilipulver

Die Menge der Zutaten hängt ganz vom Hunger und dem Gestaltungswillen des Koches ab.

Zubereitung:

Zwiebel und Gemüse in nicht zu kleine Stücke schneiden. Etwas Olivenöl in einem mittelgroßen Topf erhitzen und erst die Zwiebel darin goldgelb anbraten, nach und nach die restlichen Gemüsestücke dazugeben und anschwitzen; die härteren Sorten (z. B. Karotten) zuerst, dann die weicheren, wie zum Beispiel Weißkraut. Mit Fleischbrühe und etwas Weißwein aufgießen, Scharfmacher dazugeben und alles solange kochen lassen, bis das Gemüse den gewünschten Zustand erreicht hat. Brot in Würfel schneiden und in einer Pfanne in viel Olivenöl von allen Seiten goldbraun braten. Brotwürfel und Suppe getrennt servieren und Brotwürfel nur nach und nach in die Suppe geben, damit sie noch knusprig bleiben.

Tiroler Gröstl – die Mutter aller Resteverwertung

Zutaten:

Schweine-, Rind- oder Kalbfleischreste
(zum Beispiel vom Braten)
1 Zwiebel
Butter
2-3 Kartoffeln (evtl. Pellkartoffeln vom Vortag)
evtl. etwas mageren Bauchspeck
Salz, Pfeffer
getrockneter Majoran
Petersilie

Zubereitung:

Was kaum jemand weiß: Tiroler Gröstl kann auch aus frischen Zutaten hergestellt werden! Aber es gilt landauf, landab als das klassische Restegericht.

Das Fleisch in Streifen schneiden, etwa ein mal drei Zentimeter. Zwiebel schälen und fein schneiden. Kartoffeln, wenn keine mehr vom Vortag übrig sind, in der Schale gar kochen, dann schälen und in Scheiben schneiden. In einer Pfanne Butter schmelzen lassen und die Zwiebel darin glasig werden lassen. Wenn Speck zur Hand ist: In kleine Würfel schneiden und anbraten. Dann die Fleischstreifen dazugeben und ebenfalls anbraten. Mit Salz, Pfeffer und einer Prise Majoran würzen. Wenn die Sache zu trocken wirkt, etwas Fleischbrühe oder Wasser (höchstens eine halbe Tasse) dazugießen und damit weiterköcheln lassen. In einer zweiten Pfanne Butter erhitzen und darin die Kartoffelscheiben von allen Seiten goldbraun knusprig braten. Dann den Inhalt der beiden Pfannen mischen und noch einmal aufbraten. Vor dem Servieren mit gehackter Petersilie bestreuen.

Ramequin

(Ein kleiner Ausflug in die Schweiz)

Zutaten:

Weißbrotscheiben, 2 bis 3 Tage alt (Menge nach Appetit)
etwa 150 g Käse (Greyerzer, Emmentaler oder Raclettekäse)
Butter
2 Eier
1/4 l Milch
Salz, Pfeffer
trockener Weißwein

Zubereitung:

Weißbrotscheiben in wenig Butter von beiden Seiten goldgelb anbraten und mit etwas Weißwein beträufeln, aber nicht total durchweichen! Käse in Scheiben schneiden. Eier und Milch mit Salz und Pfeffer verklopfen (das heißt mit einer Gabel mit schlagenden Bewegungen verrühren). Eine Auflaufform mit Butter ausschmieren und die Brot- und Käsescheiben abwechselnd dachziegelförmig hineinlegen. Die Eier-Milch darüber gießen und im Ofen 30 bis 40 Minuten bei mittlerer Hitze backen. Der Auflauf soll eine schöne goldbraune Kruste haben.

16.) Wenn es dem Esel zu wohl wird, geht er aufs Eis ...: Kochen für Gäste

... oder er lädt sich Gäste ein, um sein neuerworbenes Können vorzuführen und sich bewundern zu lassen. Schließlich ist es nicht ganz selbstverständlich, daß jemand, der sich gerade in eine neue Materie eingearbeitet hat, schon nach verhältnismäßig kurzer Zeit seine Kenntnisse am lebenden Objekt ausprobieren kann, und daß diese Versuchskaninchen sich darüber auch noch freuen können – zumindest ist das zu hoffen. Wie der Bastler eines Tages aus der Hobby-Werkstatt auftaucht und sein Werk stolz der Öffentlichkeit – sprich: Familie, Freunden, Kollegen – präsentiert, so sucht sich auch der Mann in der Küche sein Publikum – sprich: Familie, Freunde, Kollegen. Immer nur rumschnipseln, rühren, brutzeln, alles wieder saubermachen ohne Echo, außer dem der eigenen Geschmacksnerven, ist auf die Dauer langweilig. Also, Esel: aufs Eis!

»Über neun und unter drei halte keine Gasterei!« Mit einer einzigen Ausnahme, nämlich der eines intimen Mahles zweier Liebender, ist dieses Sprichwort unbedingt wahr. Es gibt wenig Schlimmeres als einen langen Tisch, an dem zwölf bis vierzehn Leute sitzen, die sich von einem Tischende zum anderen höchstens noch schreiend verständigen können. Bei einem runden Tisch hat man bei dieser Anzahl von Gästen gerade noch eine kleine Chance für eine gemeinsame Unterhaltung. Ideal sind sechs bis acht Gäste, die sich nicht unbedingt vorher kennen müssen.

Wer Gäste zu einem kleinen Essen oder zu einem richtigen Menü einlädt, sollte erst einmal darüber nachdenken, wie viele Leute er unterbringen und bekochen kann, ob genügend Geschirr und Gläser zu Verfügung stehen und ob diejenigen, die eingeladen werden sollen, auch zueinander passen. Kommt die Familie zusammen, ist alles ganz einfach; man kennt Vorlieben und Marotten, Spottlust und Empfindlichkeiten. Auch bei Freunden weiß man normalerweise, wer mit wem gut kann oder gar nicht. Schwieriger ist es bei Kollegen; hier kann eine falsche Zusammenstellung unter Umständen unangenehme Nebenwirkungen zeigen. Wenn der Super-Macho aus der Finanzbuchhaltung ausgerechnet die dynamische Software-Viper aus der Public Relations verbal in den Allerwertesten kneift und deshalb bei Tisch die Fetzen fliegen, ist das nicht zuletzt auch für den Gastgeber peinlich.

Wenn dann feststeht, wie viele Gäste bekocht werden sollen, kommt die Überlegung, womit man sie beglücken will. Es ist nicht nötig, sich bis zur Erschöpfung abzustrampeln. Eine Einladung zum Eintopf, bei der sich der Gastgeber ganz seinen Gästen widmen kann, weil das Zubereiten schon hinter ihm liegt, kann besser ankommen, als eine mehrgängige Menü-Orgie, nach der er vor Überanstrengung am Tisch zusammenklappt.

So viele Gründe es gibt, aus denen ein Mann allein in einer Küche werkelt, so viele Gründe gibt es für ihn, Leute einzuladen. Der eine Neu-Küchenchef ist bereits im Ruhestand, kocht, weil er jetzt die Zeit dafür hat, täglich für sich und seine Partnerin oder seinen Partner, und lädt zu besonderen Gelegenheiten die gemeinsamen Freunde oder die flügge gewordenen Kinder ein. Der andere, überzeugter Junggeselle, bittet hin und wieder Kollegen und Freunde zu Tisch. Wieder ein anderer ist Strohwitwer, Witwer oder geschieden und überprüft seine Anziehungskraft auf eine alte Jugendliebe ...

Familientreffen:
Rezepte für 6 Personen

Erwachsene Kinder, die mit ihren jeweiligen Partnern ihre Eltern heimsuchen, lieben es normalerweise, sich so richtig satt zu essen – nicht ohne natürlich danach zu stöhnen, wie entsetzlich es doch sei, sich dermaßen vollzumöppeln. Mit einem Schweinsbraten oder einem kräftigen Gulasch wird Vatern mit Sicherheit Ehre einlegen. Und er hat bei Tisch Zeit für seine Familie, weil die Arbeit vorher erledigt ist. Die Rezepte sind für etwa sechs Personen gerechnet. Wenn vor dem Hauptgericht noch eine Suppe oder eine kleine Vorspeise gereicht wird, können die Mengen etwas reduziert werden.

Die Mengen können selbstverständlich auch für weniger oder mehr Personen berechnet werden. Allen Rezepten ist gemeinsam, daß es sich nicht lohnt, die Gerichte nur für eine Person und eine Mahlzeit zuzubereiten. Sie eignen sich aber alle zum Aufwärmen und schmecken einen oder zwei Tage später noch sehr gut.

Die Bayern, die ja bekannt sind für ihre kräftigen Braten, legen übrigens größten Wert darauf, daß es »Schweinsbraten« und nicht Schweinebraten heißen muß, weil schließlich in aller Regel nur *ein* Schwein den Braten liefere. Wie auch immer: Wichtig ist, daß das Schwein nicht mit Turbo-Kraftfutter von null auf hundert gebracht wurde, und wichtig ist auch, daß das Fleisch nicht zu mager ist. Nur mit Fett durchwachsenes Fleisch bleibt beim Braten saftig.

Schweinsbraten

Zutaten:

etwa 1 1/2 bis 2 Kilo magerer Schweinebauch
mit Schwarte oder Schulter mit Schwarte
Salz, Pfeffer
Kümmel gemahlen oder ganz
1 Zehe Knoblauch
1 Zwiebel
Wasser
evtl. dunkles Bier

Zubereitung:

Das Fleisch waschen und gründlich mit Küchenpapier trockentupfen. Die Schwarte mit sehr scharfem Messer rautenförmig einschneiden; Schnitte im Abstand von etwa 1 1/2 Zentimetern anbringen. Das Fleisch von allen Seiten mit Salz, Pfeffer, Kümmel und zerdrüktem Knoblauch oder Knoblauchgranulat gründlich einreiben. Die Zwiebel in Ringe oder in grobe Stücke schneiden. Den Braten mit der Schwarte nach unten in einen Bräter legen, die Zwiebelstücke um das Fleisch anordnen; mit heißem Wasser bodendeckend angießen und im Backofen bei starker Hitze (etwa 240 Grad) eine halbe Stunde braten. Dann umdrehen und mit der Schwarte nach oben bei etwa 200 Grad weiterbraten. Immer wieder mit heißem Wasser nachgießen und den braunen Bratsatz auf dem Boden mit einem Kochlöffel ablösen; so entsteht eine wunderbare Natursauce, die keinerlei Nachhilfe mit irgendwelchen Pülverchen oder Rahm braucht, höchstens noch eine Prise Salz. Wer Lust auf eine herb-süße Sauce hat, kann auch hin und wieder mit dunklem Bier aufgießen. Ein Braten mit einem Gewicht von zwei Kilo ist bei den angegebenen Temperaturen in etwa eineinhalb Stunden fertig. Bei etwas geringerer Temperatur, etwa bei 180 Grad, dauert es etwas länger; dieses längere Braten hat den Vorteil, daß das Fett langsam ausgebraten wird und der Braten trotzdem saftig bleibt. Wenn am Ende zu viel Fett an der Sauce sein sollte, mit einem Löffel behutsam

abschöpfen.
Zu so einem urigen Schweinsbraten gehören unbedingt Knödel, und zwar Kartoffelknödel. Ihre Zubereitung ist zwar auch keine Wissenschaft, aber die Fertigware – entweder Knödelteig im Beutel oder Knödelpulver in der Tüte aus dem Supermarkt – ist so ordentlich, daß sich gerade der Anfänger nicht mit dem Eigenbau herumschlagen muß. Es reicht, wenn man die Gebrauchsanweisung befolgt.

Außer den Knödeln sollte noch etwas Gemüse den Braten begleiten. Blau- oder Rotkraut eignet sich bestens dazu, und auch in diesem Fall kann ruhig zur Fertigware gegriffen werden. Über Blaukraut aus der Dose oder aus dem Glas braucht niemand die Nase zu rümpfen. Mit etwas Essig oder Rotwein, ein wenig gebratenem Speck und ein paar Apfelstücken kann der Geschmack noch individuell verfeinert werden.

Es ist ein großer Unterschied, ob Gulasch aus Schweine- oder Rindfleisch zubereitet wird, auch wenn nach dem gleichen Rezept verfahren wird. Das dunklere Rindfleisch verträgt mehr Gewürze; das hellere Schweinsgulasch schmeckt besonders gut, wenn es am Schluß mit Rahm angegossen wird. Der Bahnwärter von Hódmezövásárhelykutasipuszta aus dem Film »Ich denke oft an Piroschka« beschreibt die nötige Schärfe eines Gulasch präzise: »Gulasch muß brennen wann geht rein und wann geht raus.« Viele Köche mischen Schweine- und Rindfleisch. Das kann zwar sehr gut geraten, birgt aber die Gefahr, daß eine Fleischsorte weniger zart ist als die andere. Das Ergebnis kann dann etwas enttäuschend ausfallen. Das Fleisch ordert der Kunde am besten vom ganzen Stück und läßt es sich vom Metzger in Gulaschstücke schneiden, so spart er einen Arbeitsgang in der Küche.

Gulasch

Zutaten:

1 kg Rind- oder Schweinefleisch
3–4 große Zwiebeln (etwa das gleiche Gewicht wie das Fleisch)
3–4 Eßlöffel Öl oder Butterschmalz
Salz, Pfeffer
etwas Mehl
Rosenpaprika
1 Eßlöffel Tomatenmark
etwas gemahlener oder ganzer Kümmel
evtl. etwas Rahm oder Sauerrahm

Zubereitung:

Die Zwiebeln in grobe Stücke schneiden. Das Fleisch, wenn es noch nicht geschnitten ist, in mundgerechte Würfel schneiden und in Mehl wälzen, so daß es rundherum mit einer dünnen Mehlschicht bedeckt ist. Öl oder Butterschmalz in einem Topf erhitzen und das Fleisch darin scharf anbraten, bis es von allen Seiten braun geworden ist. Die Zwiebeln dazugeben und ebenfalls anbraten. Aufpassen, daß nichts anbrennt! Mit Salz, Pfeffer und Kümmel bestreuen, erst kurz vor dem Angießen des Wassers den Rosenpaprika dazugeben. Der Paprika darf nicht anbraten, weil er sonst bitter wird. Alle Gewürze vorsichtig dosieren, nachwürzen kann man immer noch. Soviel heißes Wasser aufgießen, daß das Fleisch knapp bedeckt ist. Zugedeckt etwa eineinhalb Stunden köcheln lassen, bis das Fleisch weich ist. Wenn nötig nachwürzen und noch einmal kurz weiterschmoren, damit die noch zugegebenen Gewürze auch gut durchziehen können. Notfalls die Sauce ohne Deckel »dickkochen«. Schweinsgulasch mit einem kleinen Becher Rahm oder Sauerrahm verfeinern, aber nicht mehr aufkochen, sondern nur noch heiß werden lassen. Zu Gulasch passen Nudeln, die viel Sauce aufnehmen, wie zum Beispiel Hörnchen oder kurze Makkaroni, alternativ Salzkartoffeln oder Semmelknödel (Fertigware).

Der wahre Gulasch-Fan kocht gleich immer mehr davon. Erstens läßt es sich sehr gut einfrieren, so daß im Notfall schnell ein perfektes Gericht auf den Tisch gebracht werden kann, und zweitens, weil aus Schweinegulasch unter Zugabe von Sauerkraut eine völlig anders schmeckende Spezialität entsteht: Szegediner Gulasch.

Szegediner Gulasch

Dieses beliebte K.u.k.-Gericht müsste eigentlich **székely gulyás** heißen, aber der gemeine Mitteleuropäer hat es einfach der Stadt Szeged zugeschrieben, und dabei ist es geblieben.

Zutaten:

gekochtes Schweinsgulasch (siehe oben)
etwa die gleiche Menge gekochtes Sauerkraut (siehe Kassler mit Sauerkraut)
Kümmel
1 kleiner Becher Sauerrahm

Zubereitung:

Das fertige Schweinsgulasch mit dem Sauerkraut mischen, etwa einen Teelöffel Kümmel dazustreuen und noch etwa zehn Minuten zusammen schmoren lassen. Vor dem Servieren den Sauerrahm untermischen.

Mit Sauerkraut läßt sich auch sonst manches schnelle und deftige Gericht zusammenstellen, zum Beispiel:

Kassler mit Sauerkraut

Zutaten (für 6 Personen):

1 Kilo Sauerkraut, frisch oder aus der Dose

1 1/2 Kilo Kassler Kotelett (vom Metzger oder in Plastik verschweißt vom Supermarkt)

1 Gläschen Sahne-Meerrettich

1 saurer Apfel

1 Eßlöffel Öl

etwas trockener Weißwein

Kassler ist ein gepökeltes und dann geräuchertes Kotelett- oder Halsgratstück vom Schwein

Zubereitung:

Das Öl in einem größeren Topf erhitzen, Sauerkraut aus der Dose dazugeben und andünsten. Apfel schälen, vom Kernhaus befreien, in kleine Stücke schneiden und zum Sauerkraut geben. Mit wenig Weißwein angießen und zwanzig Minuten leicht kochen lassen. Das Kassler am Stück in den Topf geben, mit Sauerkraut umgeben und beides etwa dreißig Minuten weiterkochen. Immer wieder umrühren, damit das Kraut nicht anbrennt. Danach das Kassler in Scheiben schneiden, noch einmal kurz im Kraut erhitzen und dann mit Sahne-Meerrettich servieren. Wer besonders hungrige Gäste hat, sollte zusätzlich noch eine Pfanne voll Bratkartoffeln anrichten.

Besonders in Bayern sind frische Leber- und Blutwürste als Beilage zum Sauerkraut sehr beliebt. Die Würste werden im fertigen Kraut vorsichtig erwärmt. Das Kraut darf dabei nicht zum Kochen kommen, weil die Würste sonst platzen.

Sauerkraut-Hackfleisch-Pfanne

Zutaten:

1 Kilo Sauerkraut, frisch oder aus der Dose

1 große Zwiebel

300 g gemischtes oder Rinder-Hackfleisch

200 g grobe frische Schinkenmettwurst

50 g geräucherter, durchwachsener Bauchspeck

1 Eßlöffel Öl

Kümmel

wenn vorhanden: 2 Lorbeerblätter,

4 Wacholderbeeren, 2 Nelken

Salz, Pfeffer

etwas trockener Weißwein

Zubereitung:

Zwiebel und Speck in kleine Würfel schneiden. Öl in einer Pfanne mit Deckel oder in einem Topf mit größerem Durchmesser erhitzen, Speckwürfel darin anbraten. Wenn der Speck goldbraun wird, Hackfleisch und das Brät der Schinkenmettwurst (also die Wurst ohne Haut) ebenfalls anbraten, bis es braun wird und nicht mehr in Stücken aneinanderklebt. Die Zwiebel dazugeben und alles zusammen etwa zehn Minuten braten. Mit wenig Weißwein angießen und das Sauerkraut mit den Gewürzen darunter mischen. Eine knappe Stunde dünsten, und zum Schluß noch einmal abschmecken und eventuell kräftig nachwürzen.

Kleine Runde mit Freunden und Kollegen
(Rezepte für vier Personen)

Geschnetzelte Leber
(von Kalb, Schwein oder Huhn)

Zutaten:

500 g Leber

1 große Zwiebel

Salz, Pfeffer

Butter

etwas Mehl

Zubereitung:

Die Zwiebel in feine Ringe schneiden, die Leber in mundgerechte Streifen. Leber in Mehl wälzen und überflüssiges Mehl abschütteln. Butter in der Pfanne erhitzen, Zwiebelringe darin braten, bis sie schön goldbraun sind, und zur Seite stellen. Noch etwas Butter in die Pfanne geben, wieder erhitzen und die Leber darin bei starker Hitze in 2-3 Minuten braten. Um festzustellen, ob die Leberstreifen durch sind, kann man einfach einen durchschneiden und nachschauen. Wenn sie innen noch blutigrot sind, weiterbraten; erst wenn sie gerade noch rosig aussehen, sind sie richtig. Dann rasch die Zwiebelringe wieder in die Pfanne geben, damit sie wieder heiß werden, erst dann salzen und pfeffern, weil die Leber sonst hart wird. Sofort servieren. Dazu passen Bratkartoffeln oder Kartoffelbrei (entweder aus der Tüte oder frisch zubereitet, siehe unten).

Wer gerne ein bißchen Sauce dazu hätte und es sauer mag, kann zum Ende der Bratzeit etwas Balsamico-Essig und Wasser dazugießen und den Bratfond mit einem Kochlöffel ablösen. Auch in diesem Fall erst zum Schluß salzen und pfeffern.

Kartoffelbrei

Zutaten (ebenfalls für vier Personen):

6 mittelgroße mehlige Kartoffeln

40 g Butter

1 Becher Sahne

Salz

geriebene Muskatnuß

Zubereitung:

Kartoffeln waschen und garkochen (etwa eine halbe Stunde). Mit einer Gabel feststellen, ob sie gar sind. Abgießen, kurz auskühlen lassen und pellen. In einem Topf Sahne mit wenig Wasser verdünnt, einer kräftigen Prise Salz und etwas geriebener Muskatnuß leicht erwärmen. Geschälte Kartoffeln entweder durch eine Kartoffelpresse direkt in die Sahnemischung drücken oder mit einem Kartoffelstampfer in der Sahne zerstampfen. Butter dazugeben und die Masse mit dem Schneebesen so lange rühren, bis ein lockeres Püree entstanden ist. Kleine Kartoffelbrocken schaden nicht; sie lassen erkennen, daß der Kartoffelbrei hausgemacht ist.

Kartoffelbrei schmeckt auch zu einem anderem Leberrezept ausgezeichnet, auch wenn er dazu nicht ganz stilgerecht ist.

Venezianische Leber

Zutaten pro Person:

150 g Kalbsleber
1 mittelgroße Zwiebel
1 Teelöffel Butter
1 Teelöffel Olivenöl
Salz, Pfeffer
evtl. 2–3 Salbeiblätter

Zubereitung:

Die Kalbsleber vom Metzger in dünne Scheiben schneiden lassen. Zwiebel in feine Scheiben schneiden. In der Bratpfanne etwas Butter und etwas Öl schmelzen lassen und die Zwiebelscheiben bei geringer Hitze darin dünsten, ohne sie braun werden zu lassen, leicht salzen und in einem Extrapfännchen oder einer feuerfesten Schale warm stellen. Den Rest von Butter und Öl in der Pfanne erhitzen und die Leberscheiben kurz darin braten, dann erst salzen und pfeffern. Die Leber soll innen noch rosa sein. Die Zwiebelscheiben dazu geben und rasch servieren. Wer gerne Salbei mag und ein paar Blättchen im Hause hat, sollte sie mit der Leber braten.

B. Jvelle

Viele Namen, ein Gericht. Jedes Gasthaus und jede Familie hat nach eigener Einschätzung wohl das einzig wahre, allerbeste Frikadellen-Buletten-Fleischpflanzel-Laberl-Rezept. Ob im Norden, Süden, Osten, Westen: Der flache Hackfleischklops erfreut sich überall großer Beliebtheit. Vom aufgemotzten, dicken Verwandten »Hamburger« einmal abgesehen, der global jeden geschmacklichen Sonderweg platt macht, finden sich die Frikadellen und Anverwandte unterschiedlichster Art in fast allen Küchen der Welt, kugelig, flach, aus Lamm-, Schweine- oder Rindfleisch, scharf wie die Hölle, sanft süß-sauer, mit Zimt und Pfeffer, mit Chili und Knoblauch. Überall schmecken sie anders; gegessen werden sie überall gern.

Frikadellen – Buletten – Fleischpflanzel – faschierte Laberl

Zutaten (für vier Personen):

1 Zwiebel
ca. 500 g gemischtes Hackfleisch
1 Ei
1 Eßlöffel Öl
3–4 Eßlöffel Semmelbrösel
Salz, Pfeffer
Paprika oder Majoran nach Geschmack
Butter

Zubereitung:

Die Zwiebel sehr fein hacken. Hackfleisch mit allen Zutaten außer der Butter, die zum Braten benötigt wird, gut vermischen. Butter in der Pfanne erhitzen, eine kleine Menge der Hakkfleischmischung darin braten und probieren, ob die Masse ausreichend gewürzt ist. Eventuell nachwürzen. Mit den Händen möglichst flache Hackfleischlaibchen formen und in der wieder erhitzten Butter von beiden Seiten schön knusprig braten. Das dauert insgesamt etwa 15 bis 20 Minuten pro Pfannenfüllung. Einen besonderen Pfiff bekommt dieses Gericht, wenn in einer Extra-Pfanne noch etwas gewürfelter Speck und dünne Zwiebelringe braun gebraten und über die fertigen Frikadellen gegeben werden. Dazu passen Bratkartoffeln oder Kartoffelsalat. Frikadellen schmekken auch kalt mit scharfem Senf sehr gut; es ist also kein Schaden, wenn welche übrig bleiben.

Für den Kartoffelsalat gilt im Prinzip das gleiche wie für Frikadellen: Jedes Gasthaus und jeder Haushalt hat sein Leib- und Magen-Rezept.

Kartoffelsalat

Zutaten:

4 mittelgroße Kartoffeln, festkochende Sorte
1 Zwiebel
2–3 Eßlöffel Öl
1–2 Eßlöffel Weißwein-Essig
Salz, Pfeffer
etwas Fleischbrühe oder warmes Wasser
Schnittlauch

Zubereitung:

Kartoffeln in der Schale kochen, abgießen, kurz abkühlen lassen, dann pellen und in nicht zu dicke Scheiben schneiden. Zwiebel fein hacken und zu den Kartoffelscheiben geben. Aus Öl, Essig, Salz und Pfeffer eine Marinade anrühren und über die Kartoffeln gießen. Vorsichtig mischen und warme Fleischbrühe oder warmes Wasser dazugießen, bis der Kartoffelsalat schön feucht ist, aber nicht in der Brühe schwimmt. Zum Schluß mit kleingeschnittenem Schnittlauch bestreuen. Sehr gut schmeckt der Kartoffelsalat auch mit fein würfelig geschnittenen Gewürzgurken (aus dem Glas) oder mit angebratenen Speckwürfelchen. Wem der Geschmack von rohen Zwiebeln nicht zusagt, der kann sie vorher in dünne Scheiben schneiden und ein paar Minuten in Essigwasser kochen.

Egal ob Familie oder Freunde: Ein Fleischfondue

ist immer eine sehr gesellige Art der Mahlzeit. Besonders zu Anlässen, bei denen sich die Festivität mindestens bis Mitternacht ausdehnen soll, das heißt, wenn man in Geburtstage hineinfeiert oder an Silvester, ist es angebracht, daß das Essen schön lange dauert. Man benötigt zum Fondue eine elektrische oder mit Spiritus betriebene Heizplatte (Rechaud), einen Fonduetopf und mindestens eine Fonduegabel pro Gast. Da in vielen Familien Fondue-Geschirr herumsteht, das vielleicht einmal im Jahr benutzt wird, ist es sicher nicht vermessen, wenn man bei Nachbarn oder Freunden anfragt, ob sie solche Gerätschaften besitzen und einem eventuell leihen. (Bei der Rückgabe könnte dann beispielsweise ein Fläschchen Wein das Geschirr begleiten.)

Wenn verschiedene Fleischsorten aufgetischt werden und nicht nur das traditionelle Rindsfilet, sowie viele unterschiedliche Saucen, wird ein Fleischfondue niemals langweilig. Es ist äußerst schwierig, zum Fleisch Mengenangaben zu machen, weil der Appetit oft beim Essen wächst und hin und wieder im Laufe eines Abends wirklich erstaunliche Berge vertilgt werden. Sollte von den Fleischwürfeln etwas übrig bleiben, ergibt der Rest am nächsten Tag ein wunderbares Pfannengericht, indem einfach alles zusammen, eventuell mit geschnittenen Zwiebeln, in der Pfanne gebraten und mit Weißbrot aufgegessen wird.

Fleischfondue oder Fondue bourguignonne

Zutaten pro Person (je mehr verschiedene Fleischsorten aufgetischt werden, desto geringer darf natürlich die Menge der einzelnen Art sein):

100 g Rindsfilet oder Pferdelende
50 g Kalbsleber
100 g Schweinsfilet
evtl. etwas geräucherter, magerer Schweinebauch
evtl. ein paar Schweinsbratwürstel (Nürnberger Art)
etwa ein Liter Sonnenblumen- oder Maiskeimöl –

der Fonduetopf muß etwa zur Hälfte gefüllt werden. (Vorsichtshalber sollte eine zweite Flasche Öl vorrätig sein.)

Ein Wort zur Pferdelende: Dieses Fleisch eignet sich ganz vorzüglich fürs Fondue, und es gibt auch gar keinen Grund, sich davor zu ekeln. Es ist zart und wohlschmeckend und in gebratenem Zustand von Rinderlende kaum zu unterscheiden. Leider ist es meist nur in Großstädten und dort nur vereinzelt zu bekommen. Seit den jüngsten Fleischskandalen haben die Pferdemetzgereien wieder erstaunlichen Zulauf.
Wer nicht weiß, daß er Pferdefleisch vorgesetzt bekommen hat, wird es mit Sicherheit nicht merken. Diese Anmerkung soll aber keine Anstiftung zum heimlichen Unterschieben von Pferdefleisch sein!

Zubereitung:

Fleisch, Leber, Speck und Würstel in mundgerechte Würfel schneiden. Das kann ruhig schon eine Stunde vor dem Eintreffen der Gäste geschehen, wenn die Sachen gut zugedeckt kühlgestellt werden. Die Würfel in flachen Schüsseln oder Suppentellern nach Sorten getrennt auf den Tisch bringen.

Knoblauchsauce

(sie ist immer besonders beliebt und wird deshalb am besten in größerer Menge hergestellt)

Zutaten:

2 Eier

3 Zehen Knoblauch

1 Eßlöffel Olivenöl

1 kleines Glas Mayonnaise (mit möglichst geringem Fettanteil)

1 Zitrone

Salz

Zucker

Zubereitung:

Eier etwa acht Minuten kochen, abkühlen lassen, schälen. Knoblauch schälen und durch die Knoblauchpresse drücken oder auf einem Brett mit einer Gabel zerdrücken. Eigelb, Olivenöl und Knoblauch in ein Schüsselchen oder eine Suppentasse geben und mit einer Gabel kräftig miteinander verrühren. Eiweiß sehr fein hacken und dazu geben. Mit Mayonnaise auffüllen und vermischen, bis die Menge ausreichend erscheint. Mit Salz, Zitrone und einer kleinen Prise Zucker abschmecken.

Einfache Cumberland-Sauce

Zutaten:

1–2 Teelöffel scharfer Senf

3 Eßlöffel Johannisbeergelee

Zubereitung:

Gelee und scharfen Senf gut miteinander vermischen. Wenn die Sauce noch nicht scharf genug ist, mehr Senf dazugeben. Der Herzog von Cumberland, zu dessen Ehren diese (oder vielmehr eine ähnliche) Sauce kreiert wurde, würde sich bei dieser schlichten Zubereitungsart zwar im Grabe umdrehen, aber diese einfache Mischung schmeckt ganz ausgezeichnet und erspart eine Menge Arbeit.

Sahne-Meerrettich

Zutaten:

1 Becher Schlagsahne

1 kleines Glas Meerrettich

Salz

Zubereitung:

Sahne mit dem Pürierstab oder – mühsamer – mit dem Schneebesen steif schlagen. Meerrettich so dosieren, daß die Creme zwar scharf ist, aber nicht so scharf, daß die Augen zu tränen anfangen. Mit etwas Salz abschmecken.

Neben den Saucen und den Schalen mit dem Fleisch sollten noch pikant eingelegte Kleinigkeiten aufgetischt werden: Oliven, Cornichons, Mixed Pickles und ähnliches. Und natürlich braucht man Baguettes, die am besten vor dem Servieren noch ein paar Minuten im Backofen aufgebacken werden sollten. Wenn alle Gäste gerne Knoblauch essen, kann mit wenig Aufwand aus einer normalen Weißbrotstange ein köstliches Knoblauchbrot hergestellt werden: Gepreßte Knoblauchzehe mit etwas Butter verkneten, das Weißbrot der Länge nach aufschlitzen, die Innenseite der Öffnung mit der Knoblauchbutter bestreichen, Brot wieder zusammenklappen und im Backofen ein paar Minuten aufbacken.

Mit Speck fängt man Mäuse: Menü für 2 Personen

Ist ja ganz schön und nett, so ein Abend mit einer netten Clique. Aber eine neue Bekanntschaft, die gerade anfängt, ein bißchen mehr zu werden, oder eine alte Liebe, die wiederentdeckt wird, will schließlich vorsichtig behandelt sein. Außerdem möchte wohl jeder Single – ohne spottlustige Zeugen aus dem Freundeskreis – ausprobieren, welche Chancen er (noch) hat. Und was eignet sich besser für so einen Test, als eine Einladung zu einem kleinen, intimen Mahl. Wer eine Frau mit einem liebevoll komponierten Menü verwöhnt, hat sie schon halb gewonnen. Wichtig bei so einer Einladung ist, daß erstens vieles vorbereitet werden kann, damit der Gastgeber nicht völlig abgekämpft ist, und daß zweitens das Essen nicht zu schwer ist.

Menü No. 1 (für 2 Personen)

Vorspeise:
Graved Lachs mit Sahne-Meerrettich

150–200 g Graved Lachs im Fischgeschäft frisch schneiden lassen. Sahne-Meerrettich (siehe S. 105) herstellen und in eine Schale füllen. Lachs mit etwas Grünem, zum Beispiel Kresse, Salatblätter, Rucola oder ähnlichem, dekorativ auf den Tellern anrichten. Das kann alles vor dem Eintreffen des Gastes erledigt werden – allerdings nicht schon Stunden vorher, weil sonst der Lachs antrocknet und der Sahne-Meerrettich zusammenfällt. Dazu wird Weißbrot serviert.

Hauptgericht:
Rehmedaillons mit Haricots verts

Pro Person 2-4 Medaillons (runde oder ovale Filetscheiben) vom Wildhändler schneiden lassen. Sie sollten ziemlich dick sein (circa 3 cm), damit sie schön saftig bleiben. Die feinen Böhnchen oder anderes zartes Gemüse in kochendem Wasser blanchieren, dann kurz in Butter dünsten und mit Salz und Pfeffer würzen; sie brauchen vor dem Servieren dann nur noch kurz warm gemacht zu werden. Butter oder Olivenöl in der Pfanne erhitzen und die Medaillons kurz darin braten, auf jeder Seite etwa drei bis vier Minuten, dann erst salzen und pfeffern. Auf den Tellern mit Gemüse umlegen und sofort servieren. Dies ist eine gute Möglichkeit, dem Gast ohne großes Risiko seine Kochkünste vorzuführen.

Dessert:
Feigen mit Wodka und Vanilleeis.

Pro Person zwei frische Feigen halbieren, die Schnittstelle mit etwas Zucker bestreuen und mit Wodka beträufeln, kalt stellen. Vanilleeis etwa 15 Minuten vor dem Servieren aus der Kühlung nehmen. Wenn es nicht mehr sehr fest ist, mit einer Gabel zu einer dicken Creme verrühren. Diese Creme möglichst dekorativ auf die Teller verteilen und die Feigenhälften darauf drapieren.

Menü No. 2 (für 2 Personen)

Vorspeise:
Tagliatelle mit Butter und Trüffel

Zutaten:

100 g Tagliatelle von guter Qualität

1 kleine schwarze Trüffel (circa 10 g)

2 Teelöffel Butter

Salz, Pfeffer

Die Trüffel am besten mit einer Bürste reinigen und trocken tupfen. Tagliatelle (breite Nudeln) in sprudelndem Salzwasser kochen, bis sie noch einen leichten Biß haben (al dente), durch ein Sieb abgießen. Tagliatelle in tiefen Tellern anrichten, jeweils ein Stükkchen Butter (etwa 1 Teelöffel) in die Mitte legen und die Trüffel mit einer Gemüsereibe darüber hobeln. Selbstverständlich kann diese duftende Vorspeise auch mit einer weißen Trüffel zubereitet werden. Weiße Trüffel haben das feinste Aroma und den köstlichsten Duft, kosten allerdings etwa zehnmal soviel wie schwarze.

Alternative **Vorspeise** für Jahreszeiten, in denen es keine frischen Trüffel gibt:

Hauptgericht:
Victoriabarschfilet mit feinem Kartoffelsalat

Zutaten:

300 g Victoriabarsch in zwei gleich großen Stücken

1 Eßlöffel Butter

etwas Mehl

Zitrone

2 mittelgroße, festkochende Kartoffeln

Kräuter: Dill, Schnittlauch, Kresse

1 Eßlöffel Weißweinessig

2 Eßlöffel Olivenöl

Salz

Pfeffer

Für den Kartoffelsalat zwei mittelgroße, speckige Kartoffeln kochen, abkühlen lassen, schälen und in nicht zu dicke Scheiben schneiden. Kräuter fein hacken; gehackt sollten sie etwa einen gehäuften Eßlöffel ergeben. Eine Marinade aus Essig, Öl, Salz und Pfeffer bereiten und die Kräuter darunter mischen. Die Marinade über die Kartoffelscheiben gießen und mit einem Salatbesteck vorsichtig unterheben; abschmecken und eventuell nachwürzen. Bis zum Servieren mit einer Haushaltsfolie abdecken, damit der Kartoffelsalat nicht antrocknet. Während der Fisch brät, den Salat auf den Tellern so anrichten, daß es erstens hübsch aussieht und zweitens Platz für die Fischfilets bleibt.

Die Fischfilets waschen, gründlich trocken tupfen, salzen und in Mehl wälzen; überflüssiges Mehl vorsichtig abschütteln. Bis zum Braten kühl stellen. Wenn die Vorspeise aufgegessen ist, wird dann unter den – hoffentlich – bewundernden Blicken des Gastes in einer Pfanne die Butter erhitzt und das Fischfilet bei mittlerer Hitze von beiden Seiten goldgelb gebraten (etwa 3 Minuten auf jeder Seite). Victoriabarsch hat den Vorteil, daß er festes Fleisch hat und nicht gleich zerfällt, wenn er eine halbe Minute zu lange in der Pfanne verbringt. Auf den mit Kartoffelsalat vorbereiteten Tellern mit einem Zitronenviertel servieren.

Dessert:
Kullerpfirsich

Zwei kleine, aromatische Pfirsiche gut waschen, mit einer Gabel von allen Seiten ein paarmal einstechen, dann in ein Sektglas legen und mit Sekt übergießen. Die Pfirsiche kullern nach dieser Behandlung munter im Glas herum.

17.) »Junge Hähnchen, sanft gebraten – dazu kann man dringend raten.«

Auch ohne diesen guten Rat von Wilhelm Busch mußte die Stunde der Hähnchen schlagen, schließlich heißt ja das Motto dieser kleinen Kochschule: Vom Spiegelei zum gebratenen Hähnchen.

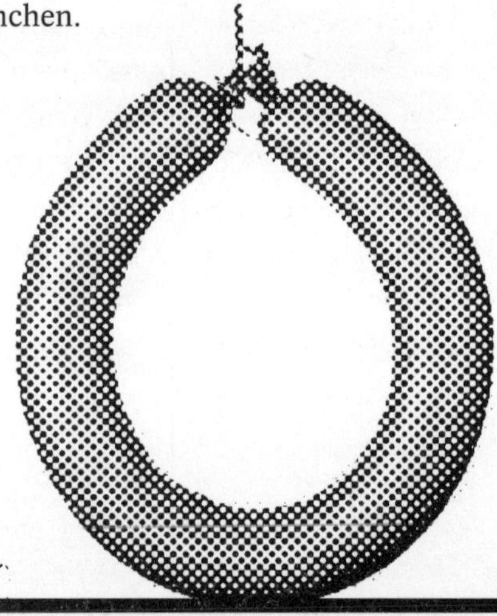

Einkauf:

Das Hähnchen sollte nicht nur jung sein, sondern auch aus gutem Stall kommen, das heißt, nicht aus irgendeiner Massenproduktion. Wie beim Suppenhuhn schon erwähnt, ist es ein riesiger Unterschied, ob das Geflügel natürlich aufgewachsen ist oder im Eiltempo hochgemästet wurde – ohne Rücksicht auf seine Lebensqualität, die schließlich auch die Fleischqualität bestimmt. Es lohnt sich also, für ein gutes Hähnchen auch einen kleineren Umweg und einen höheren Preis in Kauf zu nehmen. Biomärkte und Bioläden gibt es inzwischen fast überall, so daß es nicht so schwierig sein dürfte, an so einen echten Mistkratzer zu kommen.

Junges Hähnchen – sanft gebraten

Zutaten:

1 kleines Hähnchen von circa 600–800 g

etwa 2 Eßlöffel Butter

Salz, Pfeffer

evtl. Petersilie

Zubereitung:

Das Hähnchen waschen und trockentupfen. Das Innere salzen und pfeffern und – wenn vorhanden – mit einem Sträußchen Petersilie füllen. Dann außen mit Salz und Pfeffer einreiben. In einen Bräter mit Gittereinsatz etwas Wasser geben, das Hähnchen auf das Gitter legen und in den auf etwa 200 Grad vorgeheizten Backofen schieben. Wer keinen solchen Bräter sein eigen nennt, stellt das Backofengitter auf das Backblech. Das macht nur mehr Arbeit beim Abwaschen. Während des Bratens das Hähnchen immer wieder mit Butter bepinseln. Wenn die eine Seite schon knusprig braun gebraten ist, auf die andere Seite drehen und damit ebenso verfahren wie mit der ersten. Nach etwa 40 Minuten ist das Hähnchen fertig und reicht gerade für den hungrigen Koch. Mit etwas Brot kann der Fleischfond aus dem Bräter getupft werden. Für zwei nicht ganz so hungrige Mäuler ist so ein junges, zartes Tier nur dann ausreichend, wenn Kartoffelsalat oder Bratkartoffeln dazu serviert werden. Ganz Schlaue schichten unten in den Bräter etwa 3 bis 4 Millimeter dicke Scheiben von ein paar rohen, geschälten Kartoffeln; sie sollten etwa 15 Minuten vor dem Hühnchen im Ofen sein, weil sie länger brauchen als das Fleisch.

Teufelshähnchen

Zutaten:

1 junges Hähnchen von etwa 600 bis 800 g

2 Eßlöffel Olivenöl

1 Zitrone

Salz

1–2 getrocknete Peperoncini oder etwas Cayennepfeffer

Zubereitung:

Hähnchen waschen, trockentupfen, mit einem scharfen Messer am Rücken der Länge nach aufschneiden, auseinanderklappen und mit der Hand etwas flach drücken; die beiden Hälften hängen nur noch an der Brust zusammen. Mit Salz und feingehackten Peperoncini oder Cayennepfeffer einreiben. In eine flache Schüssel legen und mit dem Saft der Zitrone und dem Öl beträufeln. Mindestens zwei Stunden im Kühlschrank ziehen lassen; hin und wieder wenden. In einem Bräter oder einer feuerfesten Form mit der Haut nach oben etwa 45 Minuten bei 180 Grad braten. Während des Bratens ein oder zweimal mit der Zitronen-Öl-Marinade einpinseln. Zu diesem teuflisch scharfen Huhn schmecken am besten Weißbrot und ein fruchtiger, junger Rotwein.

Es muß nicht immer Hühnchen sein, wenn man Appetit auf Geflügel hat. Eine zarte Entenbrust ist auch was Feines.

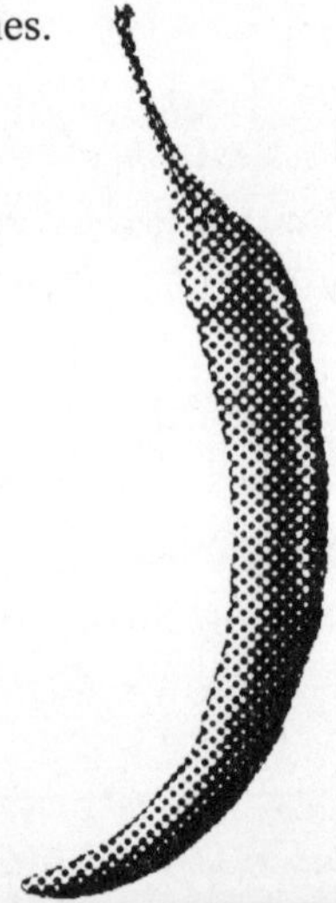

Um an eine Entenbrust zu kommen, muß man keine komplette Ente kaufen. Entenbrüstchen gibt es auch frisch oder tiefgefroren ohne das Drumherum.

Entenbrust mit Honig

Zutaten:

1 Entenbrust (falls tiefgekühlt: rechtzeitig auftauen!)

1 Teelöffel Honig

1 Teelöffel Tomatenketchup

Salz

Zubereitung:

Backofen auf Grillstufe (höchste Hitze) einstellen. Entenbrust salzen. In einem Schälchen oder einer Tasse Honig mit Ketchup vermischen. Wenn der Backofen die richtige Temperatur erreicht hat, das Fleisch mit der Innenseite nach oben auf das Backofengitter legen und auf der oberen Schiene in den Ofen schieben. Eine Tropfschale (Blech oder feuerfeste Form) darunter stellen, damit das Fett nicht auf den Boden des Backofens tropfen kann. Nach etwa 5 Minuten die Entenbrust umdrehen, also mit der Hautseite nach oben. Weitere 10 Minuten braten, dann kurz herausnehmen und mit der Honig-Ketchup-Mischung bepinseln. Noch einmal etwa 3 Minuten weitergrillen. Aufpassen, daß die Haut nicht zu dunkel wird. Entenbrust auf einem Brett mit Saftrinne oder einer Platte schräg in Scheiben schneiden (circa 3 Millimeter dick). Wenn beim Aufschneiden das Fleisch innen noch rosig ist und der Fleischsaft herausläuft, ist die Entenbrust genau richtig. Weißbrot ist auch hier der beste Begleiter.

18.) Wohl anfangen ist gut, wohl enden ist besser: Desserts

Von dem, was dazwischen passiert, ist wieder einmal nicht die Rede. Dabei besagt doch dieser Spruch – genau genommen – daß vom Anfang bis zum Ende alles immer nur besser wird. Erst das gelungene Spiegelei, dann die kräftigen Suppen, danach ein schmackhaftes Hauptgericht – fehlt nur noch das Dessert. Gerade auf eine verlockende Nachspeise legt doch jeder Mann besonderen Wert. Frauen denken an Kalorien, Männer daran, wie ihnen eine Creme auf der Zunge zergeht. Ein gelungenes Dessert, das ein Menü erst zu einer runden Sache macht, muß nicht schrecklich kompliziert sein; ein paar einfache Zutaten, geschickt kombiniert, können ganz hervorragend schmecken.

Zitronensorbet

Zutaten:

Zitroneneis, am besten eine Sorte, die Streifen der Zitronenschale enthält

trockener Sekt (bei zwei Personen reicht ein Piccolo)

Zubereitung:

Zwei bis drei Löffel Zitroneneis in ein Sektglas geben und mit Sekt vorsichtig aufgießen. Achtung: Der Schaumwein macht seinem Namen alle Ehre und schäumt erst sehr stark, also zunächst wenig dazugießen und nach und nach auffüllen. Am besten mit Strohhalm und Teelöffel servieren.

Obstsalat

Zutaten:

1 Apfel

1 Banane

1 Orange

1 Kiwi

1 Eßlöffel Cognac oder Grand Marnier

Zubereitung:

Das Obst schälen und in kleine Stücke schneiden. In einer Schüssel mit Cognac oder Grand Marnier beträufeln und kühl stellen. Zucker nach Geschmack. Selbstverständlich können auch andere Obstsorten verwendet werden, wie beispielsweise Melone, Mandarinen, Birnen und so weiter – was die Jahreszeit und die Obstschale gerade so bieten. Der Obstsalat kann auch mit Vanilleeis und/oder Schlagsahne angereichert werden.

Vanilleeis mit heißer Himbeersauce

Zutaten:

Vanilleeis

Himbeeren (evtl. tiefgefroren)

Zucker

Zubereitung:

Himbeeren in einem Töpfchen erhitzen. Vanilleeis in einer Schale anrichten und mit den heißen Himbeeren bedecken, sofort servieren. Zucker nach Geschmack.

Apfelmus

Zutaten:

Apfelmus (aus dem Glas)

1 Teelöffel Natursüße pro Portion

Angostura Bitter

Natursüße bekommt man im Reformhaus, Angostura ist ein Würzbranntwein, der in großen Supermärkten bei den Alkoholika zu finden ist.

Zubereitung:

Apfelmus in Portionsschalen anrichten, Natursüße darüber streuen und ein paar Spritzer Angostura dazu geben. Beim Essen die Zutaten vermischen. Besondere Naschkatzen servieren auch noch Schlagsahne dazu. Reste vom Apfelmus halten etliche Tage im Kühlschrank, geben also noch einmal einen Nachtisch. Apfelmus paßt auch sehr gut zu Pfannkuchen.

Joghurt mit Honig und Nüssen

Einkauf:

Der Joghurt, der dazu gebraucht wird, hat zehn Prozent Fettgehalt und kommt aus Griechenland oder der Türkei. Am besten kauft man ihn bei türkischen oder griechischen Lebensmittelhändlern. Dort ist er nicht nur in kleinen Bechern, sondern auch – besonders preiswert – in Kilo-Eimerchen zu haben. Wer also mehrere Gäste eingeladen hat, kann sich damit versorgen. Auch größere Supermärkte führen meistens diesen fettreicheren Joghurt.

Zutaten:

3 gehäufte Eßlöffel Joghurt (10 %) pro Person

1 Eßlöffel Honig

1 Eßlöffel gehackte Walnüsse

Zubereitung:

Nüsse mit einem Messer oder der Küchenmaschine grob hacken. Joghurt in einer Schale anrichten, Honig darüberfließen lassen und das Ganze mit den Walnüssen bestreuen. Bei diesem einfachen Dessert ist es immer gut, wenn genug von den Zutaten im Hause ist, weil sowohl der Hausherr als auch seine Gäste sicher nichts gegen einen Nachschlag einzuwenden haben.

Eine Vision zum Schluß

Der berühmte ungarische Gastronom Karoly Gundel hat einmal gesagt: »Es ist leicht, aus guten Zutaten etwas Schlechtes zu machen, aber unmöglich, aus schlechten Zutaten etwas Gutes zu kochen«. Als Koch in der eigenen kleinen Küche ist es zum Glück möglich, nicht ganz so streng mit sich selbst umzugehen. Hier soll die Regel heißen: Es ist leicht, aus guten Zutaten Gutes zu machen! Sollte einmal aus guten Zutaten Schlechtes entstehen, denken wir kurz darüber nach, warum das so gekommen ist – und lassen das **Corpus delicti** rasch im Abfall verschwinden, als kleines Lehrgeld sozusagen. Beim nächsten Mal wird alles besser: Das Fleisch wird nicht schwarz, der Salat ersäuft nicht im Essig, die Suppe ist nicht versalzen und das Gulasch ist gerade so gekonnt geschärft, daß keine Flammen aus der Kehle schlagen. Der Mann steht in seiner Küche als souveräner Herrscher seines Reiches und schneidet, hackt, brutzelt, rührt, siedet, dekoriert und serviert, als hätte er das Talent zum Koch schon mit der Muttermilch aufgesogen. Kochbücher werden in Zukunft nicht mehr als Gesetzbücher empfunden werden, sondern als Anregung für die eigene Kreativität.

Tiefkühl-Tips

Gerade im Ein-Personen-Haushalt ist es wichtig, daß eine Möglichkeit vorhanden ist, kleine Vorräte zu halten und Reste sicher zu konservieren. Ein Tiefkühlfach im Kühlschrank oder ein Aufsatz auf den Frigidaire reicht zu diesem Zweck normalerweise vollkommen aus. Bei einigen Speisen, wie zum Beispiel bei Gulasch, lohnt es sich, von vornherein mehrere Portionen zuzubereiten und einen Teil davon einzufrieren. Das spart Zeit, und man hat immer ein komplettes Essen zur

Hand, das in ein paar Minuten fertig ist (vor allem dann, wenn man über das praktische Pendant zum Tiefkühlfach verfügt: die Mikrowelle).
Reste von fertigen Speisen, wie beispielsweise Fleisch mit Sauce, sollten in gut schließenden Plastikdosen eingefroren werden; Gefriertüten sind für Gemüse und Obst gut geeignet. Für kleinere Reste, Kräuter, Beeren oder ähnliches sind Joghurt- oder Sahnebecher sehr praktisch, die mit Plastik- oder Alufolie verschlossen werden. Aber Vorsicht: Nichts Heißes einfüllen, weil der Becher sonst schmilzt.
Es ist wichtig, daß jede Dose oder Tüte gut leserlich beschriftet wird, mit der Angabe des Inhalts und dem Datum des Einfrierens. Auch in der Tiefkühlbox halten sich die Speisen nicht bis in alle Ewigkeit; ein Brathuhn ist schließlich kein Ötzi. Also: Die gefrorene Speise möglichst bald auf den Tisch bringen. Was länger als ein halbes Jahr im Eis lagert, verliert an Geschmack oder verändert ihn zum Schlechteren. Je mehr Fett das Gefriergut enthält, desto weniger lange hält es sich. Für den Fall, daß einmal das Brot ausgeht, sollten immer ein paar Brötchen oder ein kleines Brot aus der Kühlung zur Verfügung stehen. Sehr geeignet ist auch Toastbrot, weil man es scheibenweise entnehmen und aufbacken kann.
Neben den selbst eingefrorenen Speisen sind kleinere Mengen von gekaufter Tiefkühlkost sehr praktisch: Erbsen, Suppengemüse, Kräuter, Spinat in Portionswürfeln oder auch Entenbrust.
Rohe Fleischstücke, wie beispielsweise Hähnchen, Ente, Entenbrust, Steaks oder Schnitzel, müssen vor dem Zubereiten aufgetaut werden. Das dauert einige Stunden. Es empfiehlt sich also, morgens Fleisch aus der Kühlung zu nehmen, wenn man es am Abend in den Topf oder in die Pfanne bringen will. Fertige Gerichte können sofort erhitzt werden; dabei ist darauf zu achten, daß die Sache nicht anbrennt, also gut umrühren! Gemüse kann ebenfalls sofort verwendet werden, ohne daß es vorher aufgetaut werden muß.

Glossar küchentechnischer Begriffe

- **Ablöschen:** Durch Zugießen von Flüssigkeit und mit Hilfe eines Schabers oder eines Kochlöffels wird der Bratensatz gelöst und aufgekocht. So entstehen aromatische Saucen.
- **Abschäumen:** Mit einem Löffel oder einer Schöpfkelle wird Schaum, der sich beim Aufkochen von Fleischbrühe oder Obst bildet, abgeschöpft.
- **Abschmecken:** Wiederholtes Probieren der Speise und ggf. Hinzufügen von Salz, Pfeffer, Gewürzen, Essig, Senf oder anderen Geschmacksträgern.
- **Abschrecken:** Schnelles Abkühlen, um den Kochprozeß zu stoppen; unter fließendem, kaltem Wasser (zum Beispiel bei gekochten Eiern) oder durch Eintauchen in Eiswasser (um bei grünem Gemüse die Farbe zu erhalten).
- **Al dente:** italienischer Begriff für Nudeln, die noch bißfest sind (»Dente« = Zahn). Wird inzwischen auch für andere Nahrungsmittel, wie beispielsweise Gemüse, angewandt.
- **Anbraten:** Kurzes Braten bei großer Hitze, ehe die Zubereitung bei geringerer Hitze fortgesetzt wird. Dabei schließen sich die Poren und es entstehen aromatische Röststoffe.
- **Angießen:** Hinzugießen einer Flüssigkeit zu einer Speise, die auf dem Feuer sitzt.
- **Antipasti:** Italienische Vorspeisen – in Essig und Öl eingelegtes, kaltes Gemüse sowie Wurst, Schinken, Meeresfrüchte, kleine Fische, Käse.
- **Anschwitzen:** Gehackte oder in Scheiben geschnittene Zwiebeln und anderes zerkleinertes Gemüse werden in Fett bei geringer Hitze gegart, ohne daß sie Farbe annehmen.
- **Ausbacken** vgl. Frittieren
- **Begießen:** Während des Bratens oder Grillens wird das Fleisch hin und wieder mit Flüssigkeit (eigener Saft, flüssige Butter, Wein oder Wasser) übergossen oder beträufelt. So bleibt das Fleisch saftig.
- **Binden:** Andicken von Speisen – Suppen, Saucen, Cremes –, indem Bindemittel wie Mehl, Sahne, Stärke oder Eigelb eingerührt werden.
- **Blanchieren:** Obst oder Gemüse wird entweder kurz in kochendem Wasser vorgegart oder in

kaltem Wasser eingelegt und zum Kochen gebracht, das dann abgegossen wird. So wird bei grünem Gemüse die Farbe erhalten – zum Beispiel, wenn es danach eingefroren werden soll; Tomaten und Mandeln lassen sich nach dieser Behandlung leicht schälen.

- **Dünsten:** Garen von Speisen im eigenen Saft, meist bei geringer Temperatur und mit wenig Fett bei geschlossenem Deckel. Bei dieser schonenden Zubereitungsart bleiben Vitamine und Nährstoffe relativ gut erhalten.
- **Entfetten:** Das Entfernen von überschüssigem Fett, das sich an der Oberfläche einer Flüssigkeit (z. B. Brühe) absetzt. Am besten ist es, die Flüssigkeit zu kühlen, bis die Fettschicht erstarrt ist und einfach abgehoben werden kann. Sonst muß das Fett vorsichtig mit einem Löffel oder einer Kelle abgeschöpft werden. Kleinere Fettmengen können mit Küchenkrepp abgetupft werden.
- **Farce:** Füllung aus stark zerkleinertem Fleisch, Fisch oder Gemüse für Pasteten, Geflügel oder Fleisch, zum Beispiel für gefüllte Kalbsbrust.
- **Fond:** Stark eingekochte Flüssigkeit von Fleisch, Fisch, Geflügel oder Knochen, die das jeweilige Aroma angenommen hat. Zu verwenden für Suppen und Saucen. Es gibt auch gute Fertigprodukte im Glas.
- **Frikassee:** Ein Ragout aus hellem Fleisch in heller Sauce; die Bezeichnung wird neuerdings auch bei Fisch und Gemüse verwandt.
- **Frittieren:** Speisen werden in heißem Fett schwimmend gebraten.
- **Glasieren:** Speisen werden mit dem eingekochten eigenen Saft, mit in Wasser gelöstem Zucker oder mit flüssiger Schokolade überzogen, zum Beispiel Krapfen.
- **Gratin:** Kommt vom Französischen gratiner – überbacken. Speisen werden mit starker Oberhitze überbacken, bis sie knusprig braun sind. Oft wird Käse darübergestreut.
- **Karamelisieren:** Karamel entsteht, wenn Zucker erhitzt und braun wird, entweder durch Zerfließenlassen in etwas Butter oder beim Überbacken von überzuckerten Süßspeisen.
- **Karkasse:** Das Gerippe von Geflügel. Es wird unter Zugabe von Suppengrün scharf angebraten

und mit Flüssigkeit abgelöscht, um einen Fond herzustellen.

- **Klären:** Dabei werden mittels rohem Eiweiß oder gehacktem Fleisch die Trübstoffe bei Brühen oder Aspik gebunden.
- **Köcheln:** Langsames Garen bei einer Temperatur um den Siedepunkt. Die Flüssigkeit darf nicht sprudeln, sondern allenfalls leicht blubbern.
- **Marinieren:** Einlegen von Rohmaterial (Wild, Fisch, Fleisch, Geflügel, Gemüse etc.) in gewürzte oder geschmackgebende Flüssigkeit (Marinade), zum Beispiel Zitrone, Kräuter und Öl oder Essig, Sauerbratengewürz und Wasser. Das Aroma geht auf das Fleisch über; außerdem wird es mürbe und zart.
- **Medaillons:** Runde oder ovale, dicke Scheiben von Fleischfilets, die kurz gebraten werden.
- **Mousse:** Schaumig geschlagene Speise aus Fisch, Fleisch, Meeresfrüchten oder Gemüse, süß aus Schokolade oder Früchten mit Sahne.
- **Panieren:** Fleisch, Fisch, Gemüse oder auch in Milch oder Wein eingeweichte Brotscheiben werden in Mehl, Ei und Semmelbröseln gewälzt, ehe sie gebraten oder frittiert werden.
- **Parieren:** Fleisch- oder Fischstücke werden zurechtgeschnitten und es werden alle Teile entfernt, die nicht mitgekocht werden sollen (Fett, Sehnen, Haut etc.). Diese Teile nennt man Parüren; sie können zum Bereiten von Fonds, Brühen oder Suppen verwendet werden.
- **Passieren:** Aus gekochten Speisen entfernt man Bestandteile (Knochen, Strünke, Gräten etc.), die zwar mitgekocht wurden, aber nicht mitgegessen werden sollen, indem man die Speise durch ein Sieb streicht oder gießt.
- **Pochieren:** Besonders empfindliche Lebensmittel, wie beispielsweise sehr zarter Fisch, werden in viel Flüssigkeit bei einer Temperatur unter dem Siedepunkt kurz und schonend gegart.
- **Ragout:** Fleisch-, Geflügel- oder Fischstücke werden zusammen mit Gemüse, Gewürzen und Flüssigkeit (Brühe oder Wein) geschmort.
- **Reduzieren:** Längeres Kochen von Flüssigkeit, beispielsweise von Saucen, bis durch das Verdunsten der Geschmack intensiver und die Konsistenz dickflüssiger wird.

- **Sautieren:** Rasches Braten von kleingeschnittenem Fleisch oder Gemüse in der Pfanne unter ständigem Rühren.
- **Schmoren:** Dabei wird Fleisch oder Gemüse nach dem Anbraten mit wenig Flüssigkeit angegossen und zugedeckt bei schwacher Hitze gegart.
- **Suppengrün** nennt man die »konfektionierte«, sprich: zusammengebundene Kombination von Gemüse, die man mitkocht, wenn man eine Suppe bzw. Brühe herstellt. Danach wirft man es weg. Suppengrün besteht stets aus einem Stück Knollensellerie, einer Porreestange (auch Lauch genannt), einer Mohrrübe/Karotte und einem Zweiglein glatter Petersilie oder Selleriekraut. Wenn Sie es frisch kaufen, müssen sie das Band entfernen, die Gemüsestücke waschen und je nach Topfgröße auch ein-, zweimal durchschneiden, bevor Sie sie mit in den Topf geben. Wer mehr Wert auf Tempo und Bequemlichkeit als auf Frische legt, kann Suppengrün auch im bereits gewürfelten Zustand in der Tiefkühlabteilung finden.
- **Tranchieren:** Zerteilen oder in Scheiben Schneiden von größeren Fleischstücken (Braten).
- **Warmhalten:** Fertige Speisen oder Geschirr (Teller, Schüsseln) im Backofen bei ca. 80° C temperieren. Speisen sollten mit Deckel oder Folie abgedeckt werden, damit sie nicht austrocknen. Aus demselben Grund: keine Umluft!

Register der Rezepte

Apfelmus 116
Barsch → *Victoriabarsch mit feinem Kartoffelsalat*
Basilikum 45
Bauernfrühstück 41
Betrunkener Tintenfisch 61
Blattsalat mit Essig-Öl-Marinade 37
Blumenkohl, gratinierter 79
Bohnen → *Grüne ... mit Lammkoteletts*
Bratkartoffeln 40, 41
Brokkoli mit geschnetzeltem Rind- oder Schweinefleisch 72
Brotsuppe 85
Brotwürfel → *Zucchinisuppe mit*
Brühe → *Fleischbrühe*
Buletten → *Frikadellen*
Chili 46
Chimichurri 50
Crostini mit Olivenöl 33
Cuba libre 12
Cumberland-Sauce, einfache 104
Desserts 114-117
Eier → *Spiegeleier*
Eintopf 73-79
Entenbrust mit Honig 113
Essig 36f.
Faschierte Laberl → *Frikadellen*
Feigen mit Wodka und Vanilleeis 107
Fisch 57-61
Fleischbrühe 22
Fleischfondue 102f.
Fleischpflanzel → *Frikadellen*
Fondue bourguignonne 102f.
Forelle Müllerin 59
Frikadellen 100f.
Gebratenes Hähnchen → *Junges Hähnchen*
Geflügel 110-113
Gemüse 62-72
Gemüse-Paella 54f.
Gemüsepfanne → *Sommerliche ...*
Geschnetzelte Leber 97
Geschnetzeltes → *Brokkoli mit ...*
Gratin → *Kartoffel-; Blumenkohl, gratinierter*
Graved Lachs mit Sahne-Meerrettich 106
Gröstl → *Tiroler -*
Grüne Bohnen mit Lammkoteletts 69
Grüner Spargel mit Kräutern und jungen Kartoffeln 64f.
Gulasch 93f.
Hackfleisch → *Sauerkraut-Hacklfleisch-Pfanne*
Hähnchen → *Junges Hähnchen; Teufelshähnchen*

Hühnerfrikassee 29
Hühnersuppe 28
Hühnersuppentopf 30
Ingwer 46, 52f.
Irish Stew 78
Joghurt mit Honig und Nüssen 116f.
Junge Kartoffeln mit Quark 65
Junges Hähnchen, sanft gebraten 111
Kalbskotelett in Olivenöl 34
Kapern 46, 48f., 59f.
Kartoffelbrei 98
Kartoffelgratin 75
Kartoffeln 38-41, 64, 65, 79
Kartoffelsalat 101f.
Kartoffelsuppe, dicke 74
Kassler mit Sauerkraut 95
Knoblauchsauce 104
Kräuter 45-50
Krautfleckerl 70
Krautsalat 71
Kullerpfirsich 108
Lachs → *Graved Lachs*
Lammkoteletts → *Grüne Bohnen mit ...*
Leber → *Geschnetzelte ...; Venezianische ...*
Linseneintopf 76
Lorbeer 46
Majoran 46
Meerrettich → *Sahne-...*
Menüs 106-109
Nachspeisen 114-117
Nudeln → *Krautfleckerl; Schinkennudeln; Tomaten-Nudelauflauf*
Nudelsuppe mit Rindfleisch 25
Obstsalat 115
Ofetori 77
Öle 31-32
Omelett 82f.
Oregano 46
Paella → **Gemüse-Paella** 54f.
Paprika 47
Paprikaschoten → *Schweinefleisch mit ...*
Penne arrabiata 49f.
Peperoncini → *Spaghetti mit*
Petersilie 47
Pfannkuchen 82f.
Pfeffer 47
Provencekräuter 48
Pussy Cat 12
Quark → *Junge Kartoffeln mit ...*
Ramequin 87f.
Rehmedaillons mit Haricots verts 106f.
Reis 51-56
Reisfleisch 56
Rinderbrust → *Tellerfleisch*

Rindergeschnetzeltes → *Brokkoli mit ...*
Rindsbrühe → *Fleischbrühe*
Rindsscheiben, dünne → *Straccetti*
Risotto alla parmigiana 54
Rosmarin 47
Safran 47f.
Sahne-Meerrettich 105
Salat → *Blattsalat*

Sauerkraut → *Kassler mit ...*
Sauerkraut-Hackfleisch-Pfanne 96
Schinkennudeln, überbackene 84
Schnittlauch 48
Schweinefleisch mit Paprikaschoten und Ingwer 52
Schweinegeschnetzeltes → *Brokkoli mit ...*
Schweinemedaillons → *Zuckerschoten mit ...*
Schweinsbraten 91f.
Sommerliche Gemüsepfanne 66
Spaghetti mit Thunfisch-Kapern-Sauce 48f.
Spaghetti mit Tomaten (und Peperoncini) 19
Spargel → *Grüner Spargel*
Spiegeleier 14
Steinpilze mit Tagliatelle 68
Straccetti 35
Suppen 22-29
Suppenhuhn 27-30
Szegediner Gulasch 94
Tagliatelle → *Steinpilze mit ...*
Tagliatelle mit Butter und Trüffel 107
Tellerfleisch 23
Teufelshähnchen 112
Thunfisch → *Spaghetti mit*
Thunfisch mit Senf-Kapern-Sauce 60
Thymian 48
Tintenfisch → *Betrunkener Tintenfisch*
Tiroler Gröstl 86
Tomaten → *Spaghetti mit*
Tomaten-Nudelauflauf 84
Tomatensuppe 27
Trüffel → *Tagliatelle mit Butter und ...*
Vanilleeis mit heißer Hiimbeersauce 115
Venezianische Leber 99
Victoriabarschfilet mit feinem Kartoffelsalat 108f.
Weißkohl → *Krautfleckerl*
Wiener Schnitzel 42
Würstchen → *Kartoffelsuppe; Linsensuppe*
Zitronensorbet 114
Zucchinisuppe 25
Zuckerschoten mit Schweinemedaillons 67